W9-BVX-939

Ayude a sus hijos a triunfar en la escuela secundaria y llegar a la universidad

Guía para Padres Latinos

Mariela Dabbah

SPHINX® PUBLISHING
AN IMPRINT OF SOURCEBOOKS, INC.®
NAPERVILLE, ILLINOIS
www.SphinxLegal.com

Primera Edición: 2007

Publicado por: **Sphinx® Publishing, Impresión de Sourcebooks, Inc.®**

<u>Naperville Office</u>
P.O. Box 4410
Naperville, Illinois 60567-4410
630-961-3900
Fax: 630-961-2168
www.sourcebooks.com
www.SphinxLegal.com

Esta publicación está destinada a proporcionarle información correcta y autorizada respecto a los asuntos cubiertos. Se vende entendiéndose que la editorial no se compromete a suministrar servicios legales o contables, ni ningún otro tipo de servicios profesionales. Si se requiere asesoramiento legal u otro tipo de consulta profesional, se deberán contratar los servicios de un profesional competente.

De una Declaración de Principios aprobada conjuntamente por un Comité de la Asociación Americana de Colegios de Abogados y un Comité de Editoriales y Asociaciones

Este libro no reemplaza la ayuda legal.
Advertencia requerida por las leyes de Texas.

Library of Congress Cataloging-in-Publication Data
Dabbah, Mariela.
  Ayude a sus hijos a triunfar en la escuela secundaria y llegar a la universidad : guía para padres latinos / por Mariela Babbah. — 1. ed.
    p. cm.
  ISBN-13: 978-1-57248-644-7 (pbk. : alk. paper)
  ISBN-10: 1-57248-644-9 (pbk. : alk. paper) 1. Hispanic American children—Education (Secondary)—United States. 2. Education, Secondary—Parent participation—United States. 3. Universities and colleges—United States—Admission. I. Title.

LC2670.4.D3318 2007
373.1829'68073—dc22
                        2007029838

Impreso en los Estados Unidos de America

VP — 10 9 8 7 6 5 4

Este libro está dedicado a mi grupo de *fans* privados; aquellos amigos que siempre apoyan mi próximo proyecto nuevo ...

Silvina Aisenson Lichtmann, Fawzia Afzal-Khan, Gustavo Averbuj, Blanca Aynié, Betina Bensignor, Gilberta Caron, Rosemary Daniele, Claire Dutt, Michelle Flaum, Marisol González, Jerry and Marilyn Hilpert, Isabella Hutchinson, Sandra y Jeffrey Justin, Aitana Kasulín, Rosalind Kennedy-Lewis y Herb Lewis, Steven Kuhn, Susan Landon, Soledad Matteozzi, Alejandro Michell, Ana Mordoh, Mariana Panichelli, Arturo Poiré, Marisela Riveros, George Starks, Karen Tawil, Pachi Veiga, Marjorie Venegas, Ana Maria y Jorge Villarino y Efraim y Pnina Yuhjtman.

Y ... a los más recientes miembros del equipo:

Cristina Alfaro, Gladys Bernett, Cecilia Gutiérrez, María Fernanda Hubeaut, Lorraine C. Ladish, Alejandro Escalona, Chuck Hurwitz, Gloria Puentes y Julie Stav.

Agradecimientos

En gran parte, escribir un libro es una tarea que se hace a solas. Me siento al teclado de la computadora y escribo durante horas … Así que una de las cosas que más disfruto del proceso de escritura es el entrevistar a personas expertas en el tema que me ocupa. Para este libro, hablé con muchos padres, alumnos, maestros, administradores de escuela, psicólogos y oficiales de admisión en universidades. Sus contribuciones fueron de gran valor para mí, ya que me ayudaron a hacer que esta guía fuera muy tangible y práctica.

Quisiera dar las gracias a todas las personas que participaron en el proceso de entrevistas y en especial a las siguientes personas, por el tiempo que tomaron para compartir sus opiniones conmigo:

Fermín Acosta, Jocelyn Acosta, Jorgelina Acosta, Ana C. Ansín, Ricardo Anzaldúa, Anthony Bellettieri, Gladys Bernett, Robin Bikkal, Margaret Boyter-Escalona, Donald Carlisle, Jorge Castellanos, John Cavallo, David Cisneros, Marín Curiel, Alex DeLeón, Katiuska Delgado, Gloria Esteban, Anna García, Eduardo A.García, Warlene Gary, Patricia Garrity, Erick Hamann, Marcela Hoffer, Abe Tomás Hughes, Chioma Isiadinso, Michael Kohlhagen, Martita Mestey, Deidre Miller, Felipe Newlands, Jessica O'Donovan, Stephanie Pagán, Leila Rey, Helen Santiago, María Soldevilla, Charles Strange, Rodolfo Vaupel padre, Rodolfo Vaupel junior, Jean Jaque Vel, Marjorie Venegas, y Alfonso Zhicay.

Marjorie Venegas, ¡gracias especialmente por revisar el manuscrito y por tus comentarios de incalculable valor!

Aindree Hamann, mi brillante asistente: has contribuido en gran parte a convertir este libro en lo que es.

Michael Bowen, mi editor: gracias por el entusiasmo con el que apoyaste el proyecto. Erin Shanahan, ¡gracias por retomar tan fluidamente el proyecto donde lo dejó Mike!

Lorraine C. Ladish, gracias por hacer equipo conmigo para realizar la traducción al español. ¡Eres la mejor!

Chuck Hurewitz ¡gracias por tu orientación y total confianza en mí!

Contenido

Universidades
Colleges
Community Colleges/ Junior Colleges
Escuelas técnicas/ vocacionales

Buenas calificaciones
Una selección de cursos demandante
Buenas calificaciones en SAT y ACT
Actividades extracurriculares
El ensayo (redacción/ *essay*) de la solicitud de
    ingreso a la universidad
Cartas de recomendación
La entrevista
La diversidad y otros factores importantes
Acción temprana o decisión temprana (*Early action*
    o *early decision*)
Secretos para obtener una carta de aceptación de la
    universidad

Introducción

Los adolescentes tienen el don de hacerle sentir a uno que ya no lo necesitan. Que ya son adultos e independientes y que son capaces de cuidarse solos. Pues bien, no se deje engañar; todavía son niños y necesitan que usted los apoye y los ayude a encaminarse en la vida. Su apoyo es necesario especialmente durante los años de *high school* o escuela secundaria. Sin embargo, si usted es de un país extranjero, o si no tiene un diploma universitario, posiblemente sienta que no sabe apoyar a su hijo, ya que no está familiarizado con el sistema escolar norteamericano.

Primero, quiero que recuerde siempre que apoyar la educación de sus hijos está mucho más relacionado con la actitud de usted como padre que con el hecho de que usted sepa determinadas cosas. Es esencial mantener conversaciones regulares acerca de la importancia de ir a la escuela, estudiar, y asistir a la universidad. Es fundamental establecer expectativas altas y conseguir que sus hijos las cumplan. Asegurarse de que usted proporciona el entorno adecuado para que sus hijos realicen su trabajo, que es estudiar y tener éxito en la escuela, también es un componente clave para su éxito. Encontrar recursos para ellos cuando usted no puede ayudarlos, poner atención a sus necesidades cambiantes, y sobre todo estar siempre presente, son algunas de las cosas más importantes que usted puede hacer por sus hijos.

Escribí este libro para ayudarlo a comprender de qué se trata el *high school* en los Estados Unidos, para que usted tenga la oportunidad de ayudar a su hijo a obtener el mayor beneficio del mismo, y luego asistir a la universidad o *college*. (Uso la expresión: high school porque su traducción: escuela secundaria significa diferentes niveles educativos en los distintos países Latinoamericanos.) En este país, cuanto más alto sea el nivel de educación que uno consiga, más oportunidad tiene de ser exitoso profesionalmente y mayores serán sus posibilidades de ganar dinero. No importa que su historial familiar no incluya muchos diplomados universitarios, o si usted no tiene un nivel económico alto. Sus hijos tienen el derecho de asistir a la universidad, y con su apoyo, lo conseguirán.

A continuación puede ver un gráfico con el salario anual promedio que gana una persona, dependiendo del nivel de estudios que haya alcanzado.

Graduado de *high school:*	$25,191
Carrera técnica:	$31,720
Licenciado Universitario:	$41,287
Maestría (que no sea MBA)	$50,862

Lo más probable es que como inmigrante, usted haya venido a este país para mejorar sus condiciones de vida y para ofrecer a sus hijos mejores oportunidades que las que tenía en su país de origen. La única forma de realmente alcanzar esta admirable meta, es apoyar a sus hijos a lo largo de su educación. Si usted vino a los Estados Unidos con la esperanza de permanecer durante unos pocos años y regresar a su país natal pero se quedó para siempre, debe pensar en ofrecer a sus hijos las mejores posibilidades de ser exitosos en su país de adopción. Como usted bien sabe, la población latina está creciendo rápidamente en Norteamérica. Para que las latinas puedan asumir posiciones de liderazgo, deberán tener un alto nivel de estudios, y esto implica obtener estudios universitarios y licenciarse.

Este es un país generoso. En este libro aprenderá como utilizar los recursos que hay disponibles para sus hijos, como por ejemplo, becas creadas específicamente para ayudar a latinos y a otras minorías a que asistan a la universidad. Sugiero que aprenda todo lo que pueda sobre ello, para poder guiar a sus hijos en estos años difíciles.

Finalmente, mientras usted lee estas páginas y se familiariza con el sistema educativo de los Estados Unidos, es esencial que siempre dé a sus hijos un mensaje consistente sobre la importancia de la educación. Muchas veces, padres bien intencionados no se dan cuenta de que al no escuchar a sus hijos, o al no asistir a reuniones escolares, al no respetar el espacio que necesitan sus hijos para realizar sus tareas, o al sacarlos de la escuela durante días escolares, transmiten a sus hijos el mensaje de que la educación no es *tan* importante. Como dije antes, apoyar la educación de sus hijos es cuestion de actitud, de manera que usted debe asegurarse de que la suya es positiva.

Comentarios sobre la versión en español: a lo largo del libro uso muchas expresiones en inglés y dejo en paréntesis la traducción al español (o al revés). Es para que se familiarice con programas, organizaciones, estructuras, títulos, etc., y que pueda encontrar mayor información en Internet sobre ellos cuando lo necesite. En algunas ocasiones, cuando se trata de nombres de organizaciones, por ejemplo, dejo el original en inglés sin traducción.

Uso el masculino "hijo" porque en español abarca el femenino "hija".

Nota para padres con hijos indocumentados

Por ley, sus hijos pueden recibir educación hasta el doceavo grado, sin importar su estatus legal en este país. Esto significa que nadie puede pedirle a usted o a su hijo un número de seguro social o documento alguno que pruebe su estatus legal. Una vez que alcanzan la edad de ir a la universidad, la historia cambia un poco.

Cada estado tiene una política diferente con respecto al derecho que tiene una universidad pública de pedir un número de seguro social, de modo que usted debería informarse acerca de cuál es la situación en su estado. Las universidades privadas pueden implementar sus propias políticas y a menudo no les importa el estatus migratorio de los estudiantes.

Las unversidades públicas usualmente cobran una tarifa determinada a los residentes del estado (*in-state resident tuition*) y una tarifa mucho más alta a personas que no lo son. Debido a que son tratados como estudiantes extranjeros, a los estudiantes indocumentados pueden cobrarles la tarifa más cara, incluso a pesar de que vivan dentro del mismo estado. California, Illinois, Kansas, New Mexico, New York, Oklahoma, Texas, Utah y Washington tienen leyes que obligan a cobrar la tarifa de residente del estado a los estudiantes indocumentados que vivan en el mismo estado.

Hay becas disponibles para estudiantes indocumentados y las universidades privadas pueden optar por ofrecer ayuda financiera o becas a quienes ellos decidan. De hecho, hubo recientemente en los medios de comunicación una noticia acerca de un brillante estudiante latino indocumentado que fue admitido a la universidad de Princeton con una beca completa. Sin embargo, la ayuda financiera federal solo está disponible para ciudadanos y residentes legales.

Además, como sugiere Robin Bikkal, reconocida abogada de inmigración: "Estudiar ayuda a los niños a preservar su salud mientras esperan posibles vías para alcanzar un estatus legal. Después del *high school*, pueden ir a la universidad a tiempo parcial, asistir a instituciones estatales como residentes del estado, o tomar clases de educación continuada (continued education), si es la única manera en que pueden permitirse ir a la universidad. La labor de los padres es mantener en la escuela a los alumnos con inclinación académica, ayudándoles a estudiar al nivel de post-secundaria, y a permanecer dentro del sistema educativo".

Hay una legislación que aprobó el Senado en el pasado, pero que fue detenida por la Casa de Representantes llamada *Development, Relief and Education for Alien Minors (DREAM) Act* y *el Student Adjustment Act* (Desarrollo, ayuda y educación para menores extranjeros) que aborda la situación enfrentada por los jóvenes que fueron traídos a los EE.UU. años atrás como niños indocumentados, pero que crecieron acá y que nunca se metieron en problemas. Esta ley ofrecería a los jóvenes que califican, un estatus legal condicional y la posibilidad de adquirir una *green card*. El apoyo al DREAM Act ha aumentado cada año desde que fue introducido en el Congreso por vez primera en el 2001, y muchos observadores creen que tiene mayores posibilidades de entrar en vigor este año de las que nunca antes tuvo. Para obtener más información y actualizaciones sobre esta ley, visite el sitio web del Instituto nacional de leyes de inmigración (*National Immigration Law Center*): **www.nilc.org**.

Así que, si su hijo es indocumentado, no se desespere. John Cavallo, exitoso abogado de inmigración de Nueva York, dice: "Estudiar hace una diferencia. El juez quiere saber si el niño ha asistido a la escuela, si ha realizado un esfuerzo y no se ha metido en problemas. Todas estas cosas influyen en el caso".

La moraleja de la historia es que ni usted ni sus hijos deberían interrumpir la búsqueda de la excelencia basado en el hecho de que sean indocumentados. Eventualmente las cosas se resuelven, y tener una buena y sólida educación es la mejor manera de garantizar el éxito futuro de sus hijos.

Capítulo 1

Una dosis de inspiracón

Él nunca podrá borrar el horror de aquella escena de su alma—de los ocho pasajeros del camión, cinco murieron y dos fueron malheridos. Uno de los fallecidos era su padre; otro, su tío. Él, Martín Curiel, de 18 años, salió ileso. Pero eso solo significa físicamente ileso, porque el accidente—que se produjo cuando volvían de recoger cerezas en Oregon—afectaría profundamente su vida. Él debe su decisión de salir adelante y hacer grandes cosas a la memoria de su padre.

La familia de Martín estaba compuesta de agricultures mexicanos que emigraban a California entre mayo y diciembre, para la recolección de fruta. Martín fue a la escuela elemental en los dos países y llegó un punto en que se cansó de despertarse a las tres de la madrugada y pasar trece horas en el campo realizando trabajo físico intenso y repetitivo. Se dio cuenta de que la única forma en que podría ganar más dinero y mejorar su situación era terminar *high school*. Ahí fue cuando convenció a sus padres de que pasaran más tiempo en California, para poder aplicarse y estudiar más.

La noche del accidente, Martín, que había llenado solicitudes para asistir al college, le había pedido a su padre volver un día antes del campo para poder ir a su sesión de orientación en la universidad. "Me sentí muy culpable de lo que pasó y me hice la promesa de que mi padre no habría muerto en vano", dice Martín. Con ayuda de numerosas becas, asistió a *California Polytechnic State University*, una de las escuelas de ingeniería más prestigiosas de California. Como su madre sólo había estudiado hasta el tercer grado—y su padre sólo sabía firmar su nombre—Martín contó con los padres de un buen amigo suyo para que lo guiaran en el proceso de obtener becas. Revisaron sus ensayos y le hicieron sugerencias acerca de cómo mejorarlos, lo cual ayudó a Martín a recibir alrededor del 80% de las becas que solicitó.

La universidad fue una experiencia dura para Martín, ya que no estaba acostumbrado a estar lejos de su familia. Además del dolor normal de la separación, tuvo que aprender a vivir solo y a hacer cosas como lavar su ropa y cocinar, cosas que nunca había hecho antes. Se sintió fuera de lugar ya que solo había unos pocos latinos en la universidad y también pensó que no estaba tan bien preparado académicamente como otros alumnos.

Sin embargo, para su tercer año (*junior*), Martín había descifrado el sistema y en los últimos dos años logró aumentar su calificación promedio o GPA a 3,9. Se graduó primero de su clase y con honores. "Me di cuenta de que para tener éxito en la universidad, no hace falta tener dinero ni ser listo. Con trabajo duro, perseverancia y determinación, se puede superar cualquier obstáculo", explica. "Lo mejor fue que al final gané el respeto de mis amigos igenieros y que cumplí la promesa a mis padres", comparte Martín.

Cuando se graduó, Martín recibió y aceptó una oferta de $52,000 de Texaco, lo cual era cinco veces lo que ganaba toda su familia en aquel momento, y el salario más alto que le habían ofrecido jamás a un ingeniero de su universidad. Trabajó en Texaco durante cuatro años y luego, animado por un mentor, decidió obtener su maestría en administración de empresas (MBA) en *Harvard Business School*. Se graduó en 2004. "En la vida de toda persona rica hubo una persona en un momento determinado que rompió la cadena de pobreza en la familia. Por medio de la universidad, los latinos pueden hacer eso. La familia Curiel ha sido pobre e ignorante durante muchos siglos. Ahora, eso ha cambiado. Ahora tenemos muchas oportunidades y la posibilidad de devolver a la comunidad", dice Martín.

Y él desde luego que devuelve. Fundó *Rising Farm Worker Dream Fund* (**www.risingfarmworkers.org**), una fundación cuya misión es utilizar los recursos y el poder del sector corporativo para producir un cambio social positivo en la comunidad trabajadora inmigrante de los Estados Unidos. La idea de Martín es facilitar el Sueño Americano a los agricultores, dándoles acceso a capital financiero, humano y social. Actualmente trabaja en Deloitte Consulting, una de las más grandes compañías consultoras del mundo y gana un salario de seis cifras. Dona el 10% de sus ingresos a su fundación. El año pasado llevó a su madre a un viaje por Europa. Ella todavía hace alarde del mismo.

Capítulo 2
Las reglas básicas

Si sus hijos fueron criados en un país latinoamericano (o si usted, como padre, fue criado allá), el hecho de que sus hijos entren en la escuela secundaria en Norteamérica puede resultar intimidante. Las escuelas secundarias en este país generalmente son bastante grandes y la forma en que funcionan es bastante diferente de sus equivalentes en Sudamérica. Recuerdo la primera vez que entré en un *high school* en los EE.UU. Yo tenía quince años y había venido de Argentina para visitar a mi primo en Nueva York. Cuando terminó el período de clases y todos los alumnos salieron de sus aulas al mismo tiempo, corriendo por los pasillos para llegar a su siguiente clase, me sentí aterrorizada. En mi país natal permanecíamos en la misma aula durante toda la jornada escolar, mientras que eran los maestros quienes entraban y salían. Todo este movimiento me parecía muy extraño y caótico. Sus hijos pueden sentirse tan confusos como me sentí yo, así que sugiero que les ofrezcan todo el apoyo que ellos necesiten durante este período de adaptación.

Respecto de un tema práctico, si sus hijos fueron a la escuela en su país natal, y ésta es la primera vez que entran en el sistema escolar morteamericano, tiene que proporcionar todas las calificaciones de su escuela anterior para asegurarse que los ubiquen en el grado correcto. Si no trae pruebas escritas de las materias que estudiaron (que aquí representan créditos) y aprobaron, es posible que los sitúen en un grado más bajo para que puedan conseguir todos los créditos requeridos para graduarse.

Cómo escoger el *high school* adecuado

Escoger el *high school* adecuado es extremadamente importante, porque uno de los componentes esenciales en el camino hacia el éxito es que su hijo se sienta que está en el lugar correcto. Si sus hijos van a una escuela en la que se sienten bien recibidos, apreciados, animados, una escuela en la que hay un sentido de comunidad y donde se los motiva a dar lo mejor de sí mismos y donde se sienten seguros, florecerán. Si, por el contrario, no se sienten cómodos con los adultos o con los demás niños del edificio, si se sienten fuera de lugar, si se sienten inseguros o aburridos, es muy probable que no tengan éxito.

Consejo de una experta

Marcela Hoffer, tabajadora social clínica y coordinadora de salud mental en el programa Early Head Start en Columbia University, sugiere que hay que encontrar una escuela que sea lo suficientemente buena. "La idea es el concepto del psicoterapeuta Donald Winnicott's que una madre no tiene que ser perfecta sino que tiene que ser lo suficientemente buena. Lo mismo es aplicable a una escuela. No tiene que buscar la escuela perfecta sino una que sea lo suficientemente buena para su hijo, y que se adecúe a sus necesidades y expectativas. Si considera que, en esta fase, a los muchachos les interesa más agradar a sus amigos que a usted, deberá asegurarse de encontrar una escuela en que haya buenos compañeros, o, siguiendo la sugerencia de Winnicott, compañeros lo suficientemente buenos".

Aunque muchos niños asisten al *high school* público del distrito escolar en el que viven, esta no es la única opción. Si usted vive en una gran ciudad, es posible que pueda escoger entre diferentes escuelas secundarias dentro del mismo distrito escolar. Si usted vive en un pequeño pueblo con un solo *high school* y sabe que no es la mejor opción para su hijo, quizá deba considerar mudarse a otro pueblo o ciudad que ofrezca una mejor oportunidad. También puede considerar una escuela secundaria privada.

El proceso de escoger un *high school* es similar al de escoger una escuela elemental. (Puede leer mi libro titulado *Ayude a sus hijos a tener éxito en la escuela, Guía especial para padres latinos*, en el que hablo a fondo de este proceso.) Usted tiene que hacer muchas preguntas a muchas personas diferentes para encontrar la escuela que mejor se adapte a las necesidades y planes futuros de sus hijos. Para conseguir esto, le sugiero que hable con el personal de su biblioteca local, con otros padres, maestros y con personas de la comunidad.

Cuando realice su investigación, considere los siguientes aspectos:

- ¿Es el tamaño de la escuela apropiado para sus hijos? ¿Es demasiado grande o tiene demasiados alumnos? ¿Se sentirían mejor en una escuela más pequeña?

- ¿Tiene la escuela una especialidad o bien ofrece una selección diversa de materias como tecnología, las artes, o liderazgo deportivo?

- ¿Cuál es la composición étnica de la escuela?

- ¿Qué porcentaje de alumnos se gradúan cada año?

- ¿Qué porcentaje de los alumnos que se gradúan va a la universidad?

- ¿Qué nivel de incidentes violentos tiene esta escuela en comparación con otras escuelas del área?

- ¿La escuela tiene un entorno agradable y proporciona retos a los alumnos?

- ¿Existe un sentido de comunidad?

- ¿Los maestros tienen fama de apoyar a los alumnos?

- ¿Cuántos alumnos hay por cada maestro?

- ¿Qué actividades extra curriculares ofrece la escuela?

También es buena idea preguntar al director de la escuela que vaya a visitar: "¿Qué tipo de alumno rinde bien en esta escuela?" Su meta es obtener la mayor información posible, y con el mayor detalle, para saber si su hijo o hija rendiría bien en ese ambiente en particular. ¿Fomenta la escuela a niños con inclinaciones artísticas, niños sensibles, niños que requieren movimiento, etc.?

Subiendo la barra académica para los estudiantes minoritarios

Ya sea que usted está leyendo este libro cuando su hijo todavía es pequeño y todavía no ha entrado en la escuela secundaria, o cuando su hijo ya está en la escuela secundaria, se beneficiará de aprender acerca de una serie de programas diseñados para ayudar a los estudiantes minoritarios a rendir más.

Muchos de estos programas están dirigidos a estudiantes de *middle school* (escuela intermedia) para ayudarlos a acceder a algunes de las mejores escuelas diurnas e internados de todo el país. Otros se focalizan en apoyar a los estudiantes de escuela secundaria y ayudarlos a acceder a las mejores universidades y tener éxito una vez que han logrado acceder a ellas.

Hay muchas organizaciones como las que comento en esta sección, que operan a nivel local. Le recomiendo que hable con el consejero educativo (guidance counselor) o director de la escuela de su hijo, acerca de los programas disponibles en su área.

Por ejemplo, en la ciudad de Nueva York, hay un programa muy exitoso llamado *Prep for Prep* www.prepforprep.org que selecciona estudiantes de quinto y séptimo grado para entrar en su estimulante programa. Estos alumnos asisten a cursos de verano además de cursos extra escolares y clases los sábados, que los preparan para entrar en las mejores escuelas independientes.

Miremos algunos programas nacionales que ofrecen grandes oportunidades para ayudar a sus hijos a tener éxito académico.

A Better Chance (Una mejor oportunidad) (www.abetterchance.org)

Esta organización nacional refiere estudiantes de color—afroamericanos, latinos, asiaticoamericanos, y nativos americanos—que estén al nivel o por encima del nivel que les corresponde y que demuestren potencial de liderazgo, a unas 300 de las mejores escuelas independientes y públicas del país para que sean considerados para ingresar y recibir ayuda financiera. Puede enviar una solicitud si la calificación promedio de su hijo es B ó más alta, y está entre el quinto y el décimo grado. Los estudiantes que son aceptados llegan a formar parte del *College Preparatory Schools Program* (Programa de escuelas de preparación universitaria) donde reciben apoyo educativo y oportunidades de liderazgo.

Knowledge is Power Program (Programa saber es poder) (KIPP) (www.kipp.org)

KIPP es una red nacional de escuelas gratuitas de inscripción abierta para preparación para la universidad ubicadas en comunidades de bajos recursos de todo el país. En estas escuelas, los alumnos desarrollan los conocimientos, las habilidades y los atributos de carácter necesarios para tener éxito en las mejores escuelas secundarias y universidades. Proporciona un entorno de aprendizaje estructurado, más tiempo en la escuela—7:30

AM—5:00 PM durante la semana, sábado por medio y tres semanas durante el verano—y profesores altamente cualificados. El programa está basado en cinco principios operativos: altas expectativas, elección y compromiso, más tiempo, el poder de liderazgo y la focalización en resultados. Kipp opera en 52 escuelas por todo el país, la mayoría de ellas escuelas de grado medio (*middle school*).

Advancement Via Individual Determination (Avance por propia determinación) (AVID) (**www.avidonline.org**)

Es un sistema para los grados cuarto a doceavo, para preparar a estudiantes que reciben calificaciones B, C e incluso D, para que puedan optar a una educación universitaria de cuatro años. Habitualmente, estos alumnos son los primeros de su familia en asistir a la universidad y muchos de ellos provienen de familias de bajos ingresos o minoritarias. AVID los saca de cursos poco exigentes y los coloca en cursos acelerados. Durante un período al día, los estudiantes también participan en el *AVID Elective Program* en el que aprenden habilidades organizativas y de estudio y pensamiento crítico y en el que obtienen ayuda académica de compañeros y tutores universitarios y realizan actividades motivadoras a través de las que logran que la universidad sea más accesible para ellos. El programa funciona dentro de escuelas de todo el país.

The Posse Foundation (**www.possefoundation.org**)

Esta organización nacional identifica, recluta y entrena a líderes estudiantiles de escuelas secundarias públicas, para formar equipos multiculturales llamados *posses*. Estos equipos luego son preparados mediante un programa intensivo preuniversitario para enrolarse en las mejores universidades a nivel nacional, tanto para que puedan seguir su propio camino académico como para promocionar la comunicación intercultural en el campus. Cada *posse* se compone de diez estudiantes de diferente origen, quienes son seleccionados por su potencial de liderazgo y potencial académico, y preparados para asistir a la escuela elegida. Estos grupos sirven como unidades de apoyo interconectadas dentro de una institución y ayudan a promover el éxito individual y colectivo de los estudiantes. La meta final es preparar líderes que reflejen la rica mezcla demográfica de este país.

Recuerde que hay muchos programas a su disposición que pueden darle a su hijo la ayuda que necesita para destacarse académicamente. Su responsabilidad es asesorarse para poder discutir las opciones y tomar decisiones informadas.

Consejo de una madre

Martita Mestey, madre de dos hijas, comparte: "Mi hija pequeña quiere ir a Penn State y sabe que reclutan a los estudiantes de cierta escuela interna (boarding school) que cuesta 35,000 dólares al año. Ahora mismo estoy buscando becas para pagarlo. Es difícil para mí, porque vivo en Chicago, y esta escuela secundaria en particular está en Pennsylvania. Me duele el estómago cada vez que pienso en ello, pero ella sabe que si trabaja duro, la universidad la reclutará en la escuela secundaria, en lugar de tener que pasar por todo el proceso de solicitudes que tuvo que pasar su hermana. Así que estoy intentando matricularla en esa escuela interna".

Mantenga abiertas todas sus opciones, antes de que usted y su hijo tomen una decisión acerca de cual *high school* es la mejor opción. Visite **www.schoolmatters.com** ingrese su código postal y el radio de varias milla alrededor para obtener una lista completa de escuelas secundarias públicas cerca de usted. Este sitio web le proporciona los datos detallados de cada escuela secundaria, incluyendo el rendimiento en matemáticas y lectura, composición étnica, número de alumnos por maestro y mucho más. Para encontrar el mismo tipo de información para escuelas privadas, vaya a **www.petersons.com**. En este sitio web también puede pedir más datos y coordinar visitas a escuelas.

Cápsula de inspiración

Deidre Miller, que tiene una maestría de ciencias en sistemas de negocios internacionales (Master of Science in International Business Systems), fue criada por una madre soltera trabajadora y fue a una escuela privada desde el jardín de infantes (*kindergarten*) hasta el doceavo grado. Aquí comparte los beneficios de asistir a una escuela privada: "La mayor diferencia es la cantidad de tiempo que dedican a los idiomas, experiencias, actividades extra curriculares, etc. Las escuelas privadas creen firmemente en un proceso educativo completo, en el aprendizaje continuo mediante diferentes plataformas. Puede tratarse de algo tan simple como visitas a bibliotecas o actividades más enriquecedoras como: lecciones de danza/música, clases de arte, clases de cocina, campamentos especializados en matemáticas, computadoras, etc. o incluso viajes al extranjero para aprender acerca de otras culturas. Todas estas experiencias se suman al final de la escuela secundaria y pueden hacer una diferencia cuando se llenan las solicitudes para la universidad. Los padres que no pueden enviar a sus hijos a una escuela privada pueden procurar agregar este tipo de actividades a la experiencia educativa estándar (la jornada escolar normal). Los padres deben darse cuenta de que cuando no saben algo, hay otra persona que sí lo sabe. La clave es encontrar a esa persona para que ayude a sus hijos y que comiencen lo antes posible porque este tipo de preparación es vital para acceder a niveles académicos más altos".

Requisitos

Para que los alumnos se gradúen de la escuela secundaria, han de obtener un cierto número de puntos o créditos en su historial. La manera de obtener estos créditos es tomar clases. En la mayoría de las escuelas secundarias, un semestre de un curso es igual a medio crédito. Los horarios de los alumnos están organizados de manera que puedan completar todos los cursos que necesitan para graduarse en cuatro años. Algunos de los cursos son requeridos por la junta de educación estatal (*State Board of Education*) y algunos son escogidos dependiendo de los intereses de cada alumno. A diferencia de cómo funcionan las cosas en Latinoamérica, donde los alumnos generalmente tienen que estudiar una cantidad fija de materias cada año, en los EE.UU. hay muchos cursos que se pueden tomar en diferentes momentos a lo largo de los cuatro años. La meta es pasar todos los cursos y exámenes requeridos por el estado para graduarse. Por ejemplo, Nueva York tiene los exámenes *Regents*, que los alumnos rinden durante los cuatro años de escuela secundaria. Generalmente, rinden ciencias en el noveno grado, matemáticas en el décimo, y estudios sociales e inglés en el doceavo. Es aconsejable que se informe de qué exámenes son requeridos en su estado para obtener un diploma de *high school*.

Asistencia

Dependiendo de los cursos que tomen, los horarios de los alumnos variarán, lo cual significa que es más difícil de controlar su asistencia a clase de lo que era cuando iban a la escuela elemental, cuando siempre comenzaban las clases a la misma hora. Es muy importante que se asegure de que su hijo asiste a la escuela cada día, porque:

- La mayoría de escuelas secundarias tienen reglas que requieren que los estudiantes limiten las faltas a clase para poder recibir un crédito completo por una clase, o para evitar que sus calificaciones bajen, incluso por una letra completa (obtendrían una B en lugar de una A, por ejemplo).

- Muchos empleadores miran el historial de asistencia cuando toman la decisión de emplear a alguien. Les ayuda a predecir el probable rendimiento de su hijo en el trabajo.

■ Muchas escuelas penalizan a los estudiantes que tienen historiales de asistencia malos, no permitiéndoles asistir a clases de orientación profesional, que podrían ser de gran interés para su hijo en el futuro.

■ La única manera de aprender y prepararse para la universidad es asistir a la escuela. Al faltar a clase, sus hijos están arriesgando su futuro.

■ Si están faltando a clase, es probable que se estén metiendo en problemas.

Su labor como padre es asegurarse de que asisten a clase a diario. Esto también significa que debe evitar sacar a sus hijos de la escuela para irse de vacaciones, para trabajar o por cualquier otro motivo. **Recuerde**: terminar la escuela secundaria es sólo el primer paso para salir adelante en este país. Usted necesita apoyar este proceso.

Consejo de un experto

"Los padres deberían observar la asistencia a la escuela y a las clases. Deben preguntar: '¿Asistió mi hijo a cada período (clase)? Le permiten a mi hijo salir del edificio entre períodos?' No espere a recibir el boletín de calificaciones para saber si sus hijos asisten a clase o no. Pida un reporte en la mitad del semestre. Averigüe quién en la escuela es responsable de la asistencia de su hijo, y manténgase en contacto con esa persona", recomienda Michael Kohlhagen, Superintendente de Wethersfield Public Schools en Connecticut.

Calificaciones y nota promedio (Grade Point Average o GPA)

Comprender el sistema de calificaciones es más crucial de lo que usted puede imaginar, ya que es tanto lo que se usará para evaluar a sus hijos cuando soliciten a la universidad como cuando compitan para becas y otros programas especiales. La nota promedio o *grade point average* (GPA) es el promedio de todas las calificaciones de las diferentes clases a las que asiste su hijo. Cada calificación que obtienen por una clase tiene un valor en puntos.

Aquí están los equivalentes:

A = 4,0 puntos, ó 90–100
B = 3,0 puntos, ó 80–89
C = 2,0 puntos, ó 75–79
D = 1,0 puntos, ó 70–74
F = 0,9 o por debajo, o por debajo de 70

Hay algunas variaciones sobre esta tabla: algunas escuelas asignan valores en puntos por notas que tienen un más o un menos (*es decir.*: A- = 3,8). Otras asignan más puntos a una B en un curso avanzado (porque es más exigente) que en un curso normal.

Cuando los estudiantes toman un curso y no lo aprueban (fail), no reciben crédito y no cuenta para su graduación. Aunque algunas escuelas pueden quitar una calificación baja del promedio de un alumno si retoma la clase, muchas no lo hacen; así que esa materia que no aprobó afectará su GPA de manera permanente.

Tenga en cuenta que cuanto mejor sea la universidad, más alto será el GPA que exija.

En cuanto a becas, la mayoría tiene un requisito mínimo de GPA. Una vez más, cuanto más alto sea el GPA de su hijo, más opciones tendrá cuando llegue el momento de solicitar becas y programas especiales.

Consejo de una graduada universitaria

María D. Soldevilla, que se graduó en 2005, con una maestría en administración de empresas (Master in Business Administration) y actualmente trabaja en ventas farmacéuticas, dice: "descubrí en mi último año (senior) de la escuela secundaria que había un sistema llamado GPA basado en una escala de 4,0. Si hubiera conocido esta escala, habría sabido cómo me estaban evaluando, y habría hecho un esfuerzo consciente para que mi puntuación fuera perfecta". María trabajó duro en su último año para subir su GPA de un 3,7 a un 3,8 para poder solicitar la beca: Presidential Scholarship en Friends University en Wichita, Kansas, la cual recibió. Entonces fue a la universidad donde mantuvo un 4,0 perfecto, poniendo la barra de desempeño bastante alta para sus cuatro hermanos menores.

Aprenda acerca de exámenes y programas clave

Hay muchos exámenes y programas importantes que mejorarán el potencial de un estudiante para entrar en la universidad. Conocerlos le ayudará a incentivar a sus hijos cuando sea su turno para asumir el reto.

PSAT Test

PSAT significa *Preliminary Scholastic Assessment Test* (Examen preliminar de evaluación escolar). Es un test estandarizado que proporciona práctica para el *Scholastic Assessment Test* (SAT) (Examen de evaluación escolar), uno de los factores que las universidades evalúan cuando revisan las solicitudes. Los educadores firmemente recomiendan que cuando su hijo asista al décimo grado, se presente a los exámenes PSAT porque sirven de herramienta de diagnóstico para identificar los puntos fuertes y puntos débiles a tiempo.

El PSAT evalúa:

- habilidades críticas de lectura;

- habilidades de resolución de problemas matemáticos;

- habilidades de escritura.

Tenga en cuenta que los alumnos desarrollan estas habilidades a lo largo de muchos años tanto dentro como fuera de la escuela. De hecho, las investigaciones demuestran que la mejor manera de prepararse para estos tests es leyendo 30 minutos al día desde la escuela elemental, dado que el vocabulario y la comprensión en la lectura se van desarrollando a lo largo del tiempo. Hay muchos motivos por los cuales animar a sus hijos a realizar este examen, pero los siguientes son los más importantes:

- Recibir retroalimentación acerca de las fortalezas y debilidades de su hijo en habilidades requeridas para estudiar en la universidad.

- Ver cómo el rendimiento de su hijo en un test de admisión podría compararse con el de otros que quieren ingresar a la universidad.

- Entrar en la competición para becas del *National Merit Scholarship Corporation*, que se otorgan en el onceavo grado.

- Ayudar para prepararse para el SAT, los resultados de los cuales se usan como parte del proceso de ingreso a la universidad. Sus hijos pueden familiarizarse con los tipos de preguntas y las direcciones exactas que encontrarán en el SAT.

PLAN

PLAN es el *Pre-American College Test* (ACT). Al igual que el PSAT, identifica los puntos fuertes y débiles académicos de sus hijos, para que puedan trabajar con sus profesores y consejeros en un plan para mejorar áreas débiles. Ya que no todas las escuelas ofrecen este test y es un paso previo al ACT, si la escuela de sus hijos no lo ofrece, debería pedir permiso al consejero (*counselor*) para darlo en una escuela donde lo ofrezcan. Si no hay ninguna escuela cercana, por una tarifa económica, ACT les enviará el test para que puedan darlo en su propia escuela.

Cápsula de inspiración

Warlene Gary, Directora del National Parent Teacher Association (PTA) (Asociación nacional de padres y maestros) comparte estas palabras: "La investigación habla por sí sola—los niños cuyos padres están involucrados en su educación rinden más en general. Las investigaciones acerca de la capacidad de adaptación muestra que los niños que suelen rendir bien a pesar de cualquier obstáculo tienen un adulto cariñoso y comprensivo en sus vidas. Los padres tienen la responsabilidad de asegurarse de que están involucrados en las vidas de sus hijos".

Programas regulares de honores (Regular Honors Programs), Advanced Placement (AP) and Bachillerato internacional (International Baccalaureate (IB))

Los maestros de escuelas secundarias locales desarrollan cursos regulares de honores para ayudar a satisfacer las necesidades de los alumnos más avanzados. Aunque estos cursos tienden a ofrecer el mismo currículo que las clases normales, suponen un mayor reto y cubren materias en mayor profundidad. Sin embargo, generalmente los estudiantes no pueden obtener créditos universitarios mediante estas clases, porque no se consideran clases de nivel universitario.

Sin embargo, los cursos de *Advanced Placement* (AP) pueden permitir que un alumno de *high school* pueda obtener un crédito universitario. Junto con los resultados del PSAT, el maestro obtiene lo que se llama el *potencial AP* para cada alumno, lo cual le indica qué alumnos son los que con mayor probabilidad tendrán éxito en la universidad. Si sus hijos están entre estos, pueden enrolarse en un programa *AP* donde podrán tomar cursos que los prepararán para el tipo de trabajo que se realiza en la universidad. Estos cursos son más difíciles e involucran más esfuerzo que las clases normales. Son desarrollados por maestros y profesores universitarios con la ayuda del *College Board*. Debido a que se consideran cursos de nivel universitario, los estudiantes pueden obtener créditos para la universidad si obtienen una determinada puntuación en el examen AP al final del curso, dependiendo de a qué universidad decidan asistir.

No todas las escuelas ofrecen clases AP, así que hable con su director. En el caso de que no se ofrezcan clases AP en la escuela de sus hijos, averigüe si pueden participar por Internet. Visite el sitio web de College Board (**www.collegeboard.com**) para más información.

Muchas escuelas ofrecen el programa *International Baccalaureate* (IB) (Bachillerato internacional) desarrollado por la *International Baccalaureate Organization* (**www.ibo.org**). Esta organización trabaja en conjunto con organizaciones internacionales, gobiernos y escuelas para crear un programa exigente, con el objetivo de dar a los alumnos una perspectiva más amplia del mundo en el que viven. Si su hijo está muy motivado, él o ella puede tomar el prestigioso programa *IB Diploma* durante los dos últimos años de la escuela secundaria. Es un programa muy duro que finaliza con exámenes en seis áreas de estudio diferentes. Para poder obtener un crédito universitario, los estudiantes deben lograr una puntuación específica en estos exámenes. Para saber si la escuela de su hijo ofrece el programa, visite el sitio web de IB.

Beneficios

Como padre, es importante que usted ayude a sus hijos a decidir si deben tomar cursos de Advanced Placement. Requerirá mucho trabajo, pero tiene muchos beneficios para sus hijos:

- comenzar temprano a hacer trabajo de nivel universitario;

- mejorar sus habilidades de redacción y pulir sus técnicas de resolución de problemas;

- desarrollar los hábitos de estudio necesarios para llevar a cabo los rigurosos trabajos del curso;

- destacarse en el proceso de admisión para la universidad;

- demostrar madurez y preparación para la universidad;

- mostrar la disponibilidad para empujarse a si mismos hasta el límite;

- explorar el mundo desde varias perspectivas, incluyendo la suya propia;

- estudiar materias en mayor profundidad y detalle;

- asumir la responsabilidad de razonar, analizar y comprender por sí mismos; y

- mejorar su GPA. Debido a que estas clases son más difíciles que las clases normales, la puntuación obtenida en los cursos de honores generalmente recibe un punto extra. Por tanto, en el sistema estándar de cuatro puntos en el que su hijo recibiría A= 4 puntos, B=3 puntos y C=3 puntos, en el sistema de honores normalmente recibiría un punto más en cada letra: A=5, B=4 y C=3.

Actualmente, varias universidades están reevaluando si deben eximir a alumnos con créditos AP de asistir a determinadas clases, mientras que otras piden que los alumnos asistan a clases introductorias incluso si pasaron un examen AP sobre la misma materia.

Generalmente hablando, sin embargo, los cursos AP, además del programa IB, son más rigurosos que los cursos regulares, y subirán la barra para el rendimiento de sus hijos. Por lo tanto, es una buena idea que usted y sus hijos los consideren seriamente.

Cápsula de inspiración

"La forma en que mantengo mi mente motivada es visuali-zando lo que podría conseguir con una educación secundaria y universitaria—un bonito auto, una buena casa, muchos viajes, ya sabes—lo que el dinero te puede conseguir", dice Eduardo A. García, del onceavo grado de Austin High school en El Paso, Texas.

Programas especiales en el campus de su hijo: *Junior Achievement Worldwide*

Muchas escuelas secundarias ofrecen programas especiales durante el año en los que sus hijos se pueden involucrar. Estos programas usualmente son ofrecidos por organizaciones externas en conjunto con la escuela. Un gran ejemplo es *Junior Achievement Worldwide* (**www.ja.org**), que proporciona explicación básica de negocios, iniciativas empresariales y economía, a alumnos desde *kindergarten* hasta el doceavo grado. El segmento de la escuela secundaria dura entre siete y ocho semanas, por una hora a la semana, y funciona en escuelas gracias a personal voluntario—propietarios de negocios, personas de negocios ya retiradas, padres como usted—que enseña las clases. Habitualmente el programa es implementado en una clase de estudios sociales, economía o negocios, pero también puede tener lugar después de la escuela. Algunos maestros otorgan créditos adicionales por esta participación.

Gloria Esteban, directora de *High School Programs of Junior Achievement of Central Florida*, menciona que los alumnos que pasan por el programa mejoran sus habilidades de negocios, algo muy valioso para los latinos, que son empresarios natos. "Los estudiantes hacen ejercicios donde modelan situaciones, por ejemplo pretendiendo que solicitan un trabajo, desarrollan habilidades de entrevista, eficacia en relaciones interpersonales, capacidad para resolver problemas y muchas otras destrezas importantes que les ayudarán en el futuro".

También hay un programa especial de 24 semanas llamado *JA Company Program* en el que, bajo la supervisión de consultores de negocios voluntarios, los alumnos aprenden a dirigir, manejar y liquidar sus propios pequeños negocios. Pueden escoger si quieren desarrollar una compañía basándose en un producto o un servicio, y las lecciones que aprenden abarcan desde el desarrollo de una junta directiva hasta vender acciones pasando por escoger profesionales de alto nivel para su compañía.

En 2006, JA Worldwide lanzó su programa piloto *Hispanic Initiative* (Iniciativa Hispana). La meta es involucrar a comunidades hispanas aumentando el número de voluntarios hispanos y alumnos que participan en los programas JA Worldwide. Esta iniciativa—que en la actualidad se está implementando en Los Angeles, Nueva York, Denver, Atlanta y Albuquerque— proporcionará a más estudiantes de todos los Estados Unidos experiencia práctica diseñada para inspirarlos y prepararlos para el éxito en la economía global.

Si la escuela de su hijo no ofrece programas de *Junior Achievement* usted tiene algunas opciones: puede pedir a la escuela que lo ponga en contacto con la oficina de área de JA para comentar la posibilidad de establecer algunos programas, puede ofrecerse como voluntario para ser entrenado y luego impartir usted mismo uno de los programas, o puede animar a su empleador para que patrocine un programa JA en la escuela de su hijo.

SATs y ACTs

Con respecto al SAT, la única diferencia con respecto al PSAT es el formato. El tipo de preguntas y técnicas aplicables al PSAT también son aplicables al SAT.

Varios expertos dicen que muchos padres latinos no son conscientes de la importancia de enviar a sus hijos a cursos de preparación para SAT y ACT, en los que aprenden a tomar el examen. Debe tener en cuenta que estos exámenes requieren determinadas habilidades que es posible que sus hijos no tengan, incluso aunque sean excelentes estudiantes.

El SAT se administra siete veces al año—por lo general en octubre, noviembre, diciembre, enero, marzo, mayo y junio—los sábados por la mañana. El ACT un examen similar al SAT, se administra seis veces al año—generalmente en septiembre, octubre, diciembre, febrero, abril, y junio, también los sábados a la mañana. Para más información, visite **www.collegeboard.com**. Para más información sobre los ACT, visite el sitio web de ACT Inc. en **www.act.org**. Ambos sitios tienen una sección en español en la que puede leer los detalles acerca del test.

Los estudiantes pueden pedir a sus maestros tests prácticos o bien pueden encontrarlos gratis en sitios web como: **www.thebeehive.org**, **www.collegeboard.com** y **www.act.org**. También hay muchos libros de prácticas disponibles en librerías. Tome en consideración que utilizar los tests de prácticas debería complementarse mediante la asistencia a las clases preparatorias para el test.

Es crucial que sus hijos den el SAT o el ACT porque, aunque las universidades consideran también otros factores, la competencia para la admisión es tan grande que cada uno de los elementos cuenta.

A pesar del hecho de que los alumnos pueden rendir estos tests tantas veces como quieran, aunque algunas escuelas sacarán un promedio de sus puntuaciones, la mayoría de los alumnos haría mejor en prepararse a fondo para el test, tomarlo una vez, y obtener la puntuación más alta. Usted o sus hijos deberían llamar a las universidades a las que desean ingresar para saber cuál es su política acerca de múltiples puntuaciones.

Cápsula de inspiración

Abe Tomás Hughes II, Presidente de Hispanic Alliance for Career Enhancement (HACE) (Alianza hispana para el avance profesional), nació de padres mexicanos en un pueblo fronterizo. Es el único de cuatro hermanos que fue a la universidad y se graduó con un MBA de Harvard. "En Latinoamérica hay un sistema de castas. Si naciste pobre, es muy difícil salir de la pobreza porque hay muy poca movilidad social. Esa es la diferencia con los Estados Unidos, donde, si estudias, puedes cambiar tu estatus económico y social. Lo veo en mi propia familia; miro atrás en mi vida y veo cómo es de diferente en comparación con la de mis hermanos".

Tracking, Streaming, Ability Grouping

Tracking, streaming, or ability grouping significa que los estudiantes son agrupados de acuerdo con su habilidad en una materia en particular. Por ejemplo, puede haber dos clases diferentes de matemáticas, una de nivel acelerado y otra de nivel lento. Aunque ya se agrupa a los niños según sus habilidades en la escuela elemental y media, la secundaria es donde esto tiene lugar más a menudo.

En años recientes, ha habido mucha controversia acerca del *tracking* (o separación) de los estudiantes por habilidad, porque algunas investigaciones muestran que las minorías están desproporcionadamente representadas en el nivel lento. Debido a que estos niveles más lentos han demostrado desembocar en un rendimiento menor en años posteriores, es que usted se informe acerca de este tema. Otro aspecto importante a considerar es que el hecho de que a su hijo siempre lo posicionen en el nivel más lento puede bajar su autoestima y en consecuencia bajar su rendimiento académico.

Algunos expertos creen que agrupar a los estudiantes de acuerdo con sus destrezas ayuda a los que están en el nivel más rápido porque obtienen mejores profesores que los pueden desafiar con material más difícil, mientras que es menos beneficioso para los alumnos del nivel más lento, a los que no se les exige tanto. Otros expertos creen que, por el contrario, cuando alumnos de habiliades homogéneas están en la misma clase, que es lo que hace el *tracking*, aprenden más porque el material está dirigido a su nivel.

Sin embargo, una cosa es cierta. Los niños de padres que están pendientes de este tema—que obtienen ayuda en matemáticas y ciencias para sus hijos, y que hablan a los maestros acerca de cómo sus hijos pueden mejorar en estas áreas—tienden a ser posicionados en niveles más altos. Porque los padres más educados están muy pendienes de cómo los niveles más rápidos les ayudaron en sus propios estudios, son los que más insisten en que se posicione a sus hijos en el nivel alto. Ese es el motivo por el cual, para dar a sus hijos más oportunidades, used tiene que informarse al máximo acerca de este tema. Si la escuela de sus hijos hace *tracking* con los niños, pida a su PTA (Asociación de Padres y Maestros) que le proporcione información acerca de este tema.

Cápsula de inspiración

Patricia Garrity, directora de Cristo Rey High School en Chicago, IL, que ofrece un programa de trabajo extremadamente exitoso, sugiere que el secreto del éxito de su escuela es el sentido de comunidad que ha creado. "Tenemos una estructura de asesoría. Grupos de unos 17 alumnos se reúnen con un asesor durante media hora cada día. El asesor es a la vez un consejero que los guía, un consejero académico y un consejero profesional. Es también la persona que mira las calificaciones escolares y les ayuda a establecer metas. También es la primera persona a la que acuden los padres cuando tienen una pregunta. Los grupos salen con su consejero a comer pizza juntos, o bien organizan salidas…todo forma parte de nuestro compromiso de ser una escuela más pequeña", comparte Garrity.

Voluntariado

En la mayoría de países latinoamericanos, no hay cultura de hacer voluntariado para organizaciones, algo que es muy común en los Estados Unidos y muy beneficioso para los niños de *high school*.

Pasar tiempo en el hospital local, en una Organización Latinoamericana, en un programa para niños con necesidades de educación especial o en cualquier otro lugar, ayuda a los niños a desarrollar muchas habilidades valiosas. Aprenden a tener responsabilidad, a resolver problemas, habilidades de liderazgo, destrezas sociales, manejo de su tiempo y muchas otras destrezas relacionadas con el trabajo. El voluntariado no sólo es importante porque las universidades lo miran como parte de sus requisitos de ingreso, sino porque es una gran forma de mantener a los jóvenes focalizados en una actividad positiva y fuera de problemas. Conseguir éxito en la actividad de su elección contribuye a una alta auto estima, lo cual es la base de un buen rendimiento académico. Ayúdelos a descubrir cómo pueden canalizar sus pasiones mientras prestan ayuda donde sea necesaria. Por ejemplo, si a sus hijos les gusta la música, quizá puedan hacer trabajo de voluntariado en un evento para recaudar fondos en una estación de radio; si son buenos en computación, quizá puedan enseñar los principios básicos del correo electrónico a inmigrantes latinos en la biblioteca local. Busque oportunidades en el Capítulo 4: actividades extracurricures y programas de verano.

Capítulo 3
Otras formas de satisfacer los requisitos de la escuela secundaria

Si por algún motivo sus hijos no pueden satisfacer sus obligaciones escolares durante horas escolares normales, quizá debieran explorar algunas opciones alternativas para terminar la escuela secundaria.

Aprendizaje a distancia

Aunque ésta pueda ser la mejor alternativa para sus hijos, tenga en cuenta que, a pesar de todos los beneficios que les pueda proporcionar estudiar por su cuenta, perderán un valioso elemento de asistir a la escuela secundaria—la interacción social con otros estudiantes, que es un importante componente del desarrollo de un adolescente.

Dicho esto, algunos estados permiten que los alumnos tomen créditos a distancia, por Internet, para satisfacer los requisitos de *high school*. Existen *high schools* que ofrecen una gama similar de cursos a los que se ofrecen en *high schools* normales y de esta manera proporcionan una alternativa que ayuda a sus hijos a superar cualquier obstáculo temporal o geográfico que les pueda impedir terminar la escuela secundaria. Por lo general cada curso está diseñado alrededor de una guía de estudio, libros de texto y exámenes y los instructores proporcionan a los alumnos respuestas a sus tareas y exámenes por correo electrónico. Los estudiantes que escogen esta alternativa han de tener mucha motivación porque, aunque estudiar en casa en su propio horario puede ser más fácil para ellos, también requiere un mayor sentido de la responsabilidad. Para encontrar una lista de escuelas que ofrecen programas en Internet puede visitar el sitio web de una de las organizaciones que dan acreditaciones: **www.detc.org**. Una de estas escuelas a distancia es la escuela secundaria privada *Keystone National High School* (**www.keystonehighschool.com**). Allí sus hijos pueden tomar cursos individuales o bien apuntarse para ser alumnos a tiempo completo. En el sitio web hallará también los precios de la escuela.

Asimismo puede encontrar una lista de escuelas secundarias con programas de Internet en: **www.online-education.net**.

Consejo de un experto

El Dr. Donald Carlisle, Superintendente de Port Chester Public Schools en Port Chester, NY, sugiere que una forma de acelerar a un alumno que viene de otro país y que ha entrado tarde en la escuela secundaria es mediante un programa online. "Si un estudiante está atrasado en dos cursos, la clave es acelerarlo. La escuela de verano, el estudio independiente y realizar cursos en Internet para obtener créditos, son todas buenas formas de hacerlo. En muchos casos, la escuela pública a la que asiste el alumno puede tener los fondos para pagar los cursos online si ayudan a los alumnos a ponerse al día y graduarse con el curso que les corresponde por edad".

A medida que usted continúe leyendo, se dará cuenta de que toda decisión que tomen usted y sus hijos durante la escuela secundaria, debe hacerse con miras a la universidad. Los cursos *online* pueden ser la solución perfecta para la situación adecuada. Por ejemplo, si su familia es migrante y sus hijos cambian de escuela varias veces al año, su mejor alternativa para terminar la escuela secundaria podría ser hacerlo mediante un programa en Internet. Cualquier oficial de admisiones comprendería su caso. Piénselo—este alumno—en lugar de escudarse detrás de sus circunstancias y no terminar la escuela, superó la dificultad con gran sacrificio y encontró la forma de graduarse. Ese es el tipo de historia de redención que a los oficiales de admisiones les encanta escuchar. Lea más acerca de este tema en el Capítulo 9: Qué buscan las universidades en los estudiantes que quieren ingresar.

Escuela nocturna

Algunos estados lo llaman escuela nocturna, otros lo llaman escuela alternativa, pero se llame como se llame, es una buena opción para alumnos que trabajan o que no pueden realizar todas sus obligaciones estudiantiles durante la jornada escolar habitual. También ofrece una estupenda forma de acelerar la graduación de su hijo si él o ella tiene el tiempo de asistir a la escuela nocturna y diurna al mismo tiempo. Una vez más, pida a sus hijos que pregunten si esta alternativa está disponible en su escuela.

GED

Si su hijo no se ha graduado de *high school* y tiene al menos 18 años, puede tomar un examen que certifica que tiene determinados conocimientos de lectura, escritura, estudios sociales, ciencias y matemáticas. Una vez que su hijo ha aprobado este examen, obtendrá el *General Educational Development certificate* (Certificado general de desarrollo educativo) o GED. Hay cursos y libros que pueden preparar a sus hijos para tomar este examen que se ofrece en diversos lugares varias veces al año. El examen de GED se puede tomar en inglés, español, francés y vietnamita.

El examen generalmente se realiza a lo largo de un período de dos o tres días e incluye cinco áreas: escritura, lectura, matemáticas, ciencias y estudios sociales.

Si su familia se muda seguido, a sus hijos les puede costar terminar la escuela secundaria. Dar el GED es una buena opción para que puedan continuar su educación y luego asistir a la universidad. Tenga en cuenta, sin embargo, que incluso si sus hijos han cambiado muchas veces de escuela, todavía pueden obtener su diploma de la escuela secudaria.

Si a su hijo le está costando trabajo completar los requisitos para graduarse y está próximo a cumplir los 21 años, debería animarlo a hablar seriamente con el consejero educativo (*guidance counselor*) de la escuela sobre la posibilidad de dar el GED.

La mayoría de los empleadores considera el diploma GED como el equivalente de un diploma de *high school*. Algunos lo consideran menos favorablemente. Sin embargo, una vez que el alumno tiene un diploma universitario no suelen considerar cómo terminó sus estudios secundarios.

Algunas estadísticas preocupantes.

Debe saber que el índice de latinos que terminan la escuela secundaria es bastante menor que el de todas las demás poblaciones. Según datos del 2004 del *National Center for Education Statistics of the United States Education Department* (Centro Nacional de Estadísticas Educativas, del Departamento de Educación de los Estados Unidos), el porcentaje de muchachos de entre 16 y 24 años que no están matriculados en la escuela secundaria y que no tienen un diploma de escuela secundara es del 6,8 % para los blancos; 11,8 % para los afroamericanos y del 23% para los hispanos. Este número es mayor para los hispanos nacidos fuera de los Estados Unidos: 38,4%, y más bajo para hispanos de primera y segunda generación nacidos en los Estados Unidos: 14,7 y 13,7% respectivamente.

De acuerdo con la iniciativa de la Casa Blanca denominada *Education Excellence for Hispanic Americans* (Excelencia educativa para hispanoamericanos), uno de cada tres estudiantes hispanos no termina la escuela secundaria, y sólo el 10% de los hispanos se gradúan de estudios universitarios de cuatro años de duración. Según el *Pew Hispanic Center*, para cuando alcanzan los 26 años de edad, sólo el 43% de hispanos que no completaron la escuela secundaria han obtenido un GED en comparación con el 50% de los blancos que no terminaron estudios secundarios. A pesar de que hay varias teorías con respecto a esta diferencia a nivel educativo, hay una serie de razones que podrían contribuir a estas alarmantes estadísticas:

■ Los alumnos ven posibilidades limitadas de empleo después de la escuela secundaria porque no hay empleos disponibles donde ellos viven. Pueden pensar que estudiar no vale la pena.

■ Los estudiantes minoritarios se pueden sentir distanciados del contexto escolar. No se sienten validados, porque sus orígenes culturales no son comprendidos o valorados por la escuela. Su segunda lengua no es vista como un punto fuerte.

■ Los estudiantes pueden ver oportunidades para entrar en la fuerza laboral ahora, y pueden perder de vista que la consecuencia a largo plazo de no tener un diploma de la escuela secundaria es que no podrán ascender profesionalmente.

■ Los niños no se sienten exitosos en la escuela. No tienen lazos con adultos—maestros o consejeros—que podrían hacerlos sentir exitosos. Prefieren hacer otra cosa que los haga sentirse bien.

■ No perciben una sensación de comunidad en la escuela. Perciben una sensación de comunidad en casa o en una banda o pandilla.

■ Los padres creen que la educación es importante, pero que es más importante ganar dinero.

Consejo de un experto

"Los padres deberían comenzar a hablar a sus hijos acerca de la universidad ya desde kindergarten. Deberían hablar de metas, carreras, los diferentes niveles educativos necesarios para diversas ocupaciones; deberían establecer estándares altos. Una vez que los niños son un poco mayores, los padres deberían incentivarlos para que usen programas informáticos de inventario profesional. Estos ayudan a los alumnos a ver qué carreras se ajustan mejor a sus intereses. Todas las escuelas secundarias tienen este software, los estudiantes sólo tienen que pedirlo", sugiere Michael Kohlhagen, Superintendente de Wethersfield Public Schools en Connecticut.

Capítulo 4
Actividades extracurriculares y programas de verano

Actividades extracurriculares

Las actividades extracurriculares son una gran manera de que su hijo obtenga ventaja en el proceso de ingreso a la universidad. Los departamentos de admisión no sólo buscan el éxito académico, sino también alumnos que participan en otras actividades como clubes o equipos deportivos. Las universidades quieren saber qué hacen los estudiantes una vez que cierran sus libros de texto al final de la jornada escolar. ¿El alumno ocupa su tiempo libre con video juegos, o hace trabajo de voluntariado en un centro comunitario por las tardes? El objetivo de realizar actividades extracurriculares, sin embargo, no es rellenar un currículum con una multitud de clubes o actividades para demostrar que el alumno hizo *algo* durante sus cuatro años de escuela secundaria. Las actividades escogidas deberían reflejar los compromisos y pasiones de su hijo y el currículum final debería representar sus logros tanto académicos como extracurriculares.

El mejor momento para unirse a un club, un equipo o programa es al principio del año escolar. Anime a su hijo a que revise el boletín de anuncios o el periódico escolar, para encontrar las diferentes actividades que ofrece la escuela.

Suelen ofrecer una variedad de clubes como fotografía, ajedrez, bolos (*bowling*), o arte, y clubes académicos para alumnos interesados en ciencias o matemáticas. También hay clubes que reflejan diferentes culturas. Muchas organizaciones locales tienen clubes de secundaria para aquellos que quieren hacer voluntariado e involucrarse. Si a su hijo le interesa una actividad en particular que no se ofrece en la escuela, ayúdelo a buscar información en el periódico local, pregúnteles a otros padres o pídale a su hijo que pregunte a sus compañeros dónde encontrar este tipo de actividad.

Si su hijo tiene una meta específica, como ser profesor de matemáticas, encuentre una actividad que apoye sus intereses. Por ejemplo, él o ella puede ofrecerse de voluntario en el centro comunitario local y dar clases de matemáticas para niños de menor edad. Si le interesa la gerencia deportiva, puede involucrarse en las ligas deportivas juveniles y ayudar a los entrenadores. Sin embargo, si su hijo no tiene todavía una meta específica en mente, anímelo a hacer voluntariado en organizaciones locales, como el centro comunitario, el hospital, la biblioteca, y otras organizaciones sin fines de lucro que siempre necesitan ayuda extra.

Las actividades extracurriculares son beneficiosas para los alumnos por muchos motivos: aprenden los valores del trabajo en equipo, adquieren un sentido de responsabilidad y desarrollan habilidades de liderazgo. También ayudan a los alumnos a gestionar su tiempo, aprendiendo a balancear estas actividades extracurriculares y su trabajo académico.

El manejo del tiempo es una herramienta necesaria que hay que desarrollar en la escuela secundaria para poder tener éxito en la universidad y en la vida, manteniendo altos niveles académicos, a la vez que se encuentra tiempo de relajación.

Pero debido a que la presión para tener éxito académico y cumplir responsabilidades extracurriculares puede ser abrumadora, usted debe impedir que sus hijos estén sobrecargados.

Esto podría tener un efecto negativo sobre su rendimiento académico y sobre su salud. Asegúrese de ayudar a su hijo a tomar decisiones bien pensadas cuando se trate de seleccionar actividades adecuadas.

A continuación hay algunas organizaciones que aceptan voluntarios. Muestre los sitios web a sus hijos para que puedan obtener más información, antes de decidir involucrarse.

Algunos programas interesantes

YMCA (www.ymca.net)

Con más de dos mil localidades en todo el mundo, YMCA es una organización voluntaria que trabaja para construir familias y comunidades más fuertes. Hay cinco categorías de voluntariado: programas, apoyo, recaudación de fondos, políticas y gerencia.

Boys and Girls Clubs of America (www.bgca.org)

Boys and Girls Club of America tiene como objetivo proporcionar un entorno positivo para los niños y ofrecer apoyo y una sensación de pertenencia. Su hijo puede ayudar con actividades prácticas y siendo un modelo a seguir.

Habitat for Humanity (www.habitat.org)

Habitat ofrece toda una gama de programas de voluntariado. Ayudar a construir casas, contribuir a recaudar fondos y devolver a la comunidad. Su hijo debería averiguar si su escuela ya tiene una sucursal de Habitat- una organización liderada por alumnos, que a se asoció con Habitat for Humanity—y preguntar cómo involucrarse. Es ideal si a sus hijos les gusta la arquitectura, la ingeniería, etc.

Smithsonian Institution (www.si.edu/volunteer)

El *Smithsonian Institute* ofrece muchos programas para servicios de voluntariado. A los voluntarios se les la oportunidad de mejorar la experiencia de los visitantes al museo ayudando con actividades prácticas, ofreciendo apoyo al personal, y mucho más.

Latino Commission on AIDS (www.latinoaids.org)
Incentive a su hijo a que dedique unas cuantas horas al mes y haga una diferencia. Puede ayudar a recaudar fondos, aumentar la concientización y obtener apoyo para importantes cambios en la política del SIDA.

National Audubon Society (www.audubon.org)
Audubon Society tiene varias sedes y centros silvestres por todos los Estados Unidos que trabajan para conservar y recuperar ecosistemas naturales. Anime a sus hijos a localizar el centro Audubon más cercano, y descubrir cómo puede ayudar. Es ideal si sus hijos están interesados en la naturaleza, los animales o el medioambiente.

Junior Achievement Worldwide (www.ja.org)
Esta organización ofrece comprensión básica de los negocios, iniciativas empresariales y economía a estudiantes desde *kindergarten* hasta el doceavo grado. Sus hijos pueden formar parte del *High School Heroes program* mediante el cual enseñan clases de JA a estudiantes más jóvenes. Es fantástico para ayudar a sus hijos a desarrollar habilidades de liderazgo y para aumentar su autoestima. También es ideal para los alumnos interesados en negocios y en abrir su propia empresa.

Programas de verano

Cuando llega el verano, la mayoría de los estudiantes simplemente desean relajarse y pasar el tiempo con sus amigos. Desean dejar atrás las presiones del año escolar y disfrutar del descanso. Pero el verano es una gran oportunidad para involucrarse con la comunidad, viajar y desarrollar valiosas destrezas. Como verá en los próximos capítulos, todas las actividades extracurriculares y programas de verano pueden ayudar a crear el currículum (resume) de *high school* de su hijo y así facilitar su proceso de admisión a la universidad. Los estudiantes que tienen una pasión y que han estado consistentemente involucrados en determinadas actividades o programas, son mucho mejores candidatos cuando completan una solicitud de ingreso a la universidad.

Hay varias universidades que ofrecen programas de verano diseñados de manera específica para los alumnos de la escuela secundaria. Proporcionan a los alumnos la oportunidad de experimentar la vida universitaria participando en actividades en el campus, viviendo en residencias, y enrolándose en cursos universitarios. Sus hijos adolescentes conocerán a otros estudiantes de escuela secundaria con intereses similares, y harán amistades. Muchas de estas universidades ofrecen créditos universitarios al terminar el programa, pero algunas no.

Numerosas organizaciones ofrecen programas que giran alrededor del servicio comunitario y el liderazgo, además de programas académicos. También hay programas de verano que se focalizan en las artes, computación, cultura, danza y deportes. No limite las opciones de sus hijos a programas dentro de los Estados Unidos. Hay muchos programas de verano en el extranjero que pueden expandir en gran medida la visión que su hijo tiene del mundo y ser extremadamente valiosos para su educación. Sean cuáles sean los intereses de su hijo, siempre encontrará un programa o campamento de verano que satisfaga sus necesidades.

Algunos programas interesantes

Incluiré a continuación algunos recursos interesantes, pero no se limite ni limite a sus hijos a éstos. Hay cientos de programas a los que puede recurrir. Solo pida al *guidance counselor* de su hijo que le ayude a realizar investigaciones adicionales, o bien hable con la bibliotecaria de su biblioteca local. Hay becas y ayuda financiera disponibles para muchos de los campamentos y programas enumerados aquí, así que se puede poner en contacto con cada uno para saber cuál es su política. No piense que no puede pagar un programa sólo por como suena. Llámelos y pregunte cuál es el costo y si ofrecen ayuda financiera de la que usted se pueda beneficiar.

Aquí hay algunos sitios web y libros donde puede encontrar más información acerca de programas de verano.

Sitios Web

Adventure Treks (Outdoor Adventures)
(**www.adventuretreks.com**)

Backdoorjobs.com: Your Home for
Short-Term Job Adventures
(**www.backdoorjobs.com**)

My Summer Camps (Mis campamentos de verano)
(**www.mysummercamps.com**)

The Road Less Traveled (Adventure and Wilderness)
(El Camino Menos Transitado)
(**www.theroadlesstraveled.com**)

Teen Summer Camps: Directory of
Summer Camps & Summer Programs for Teens
(Campamentos de verano para adolescentes: directorio de campamentos de verano y programas de verano para adolescentes)
(**www.teen-summer-camps.com**)

Programas Específicos

Academic Study Associates at
University of Massachusetts-Amherst
(**www.asaprograms.com**)
Este programa de verano proporciona a los alumnos de escuela secundaria cursos académicos estimulantes que mejorarán su experiencia durante el verano. Hay una amplia selección de cursos universitarios y de enriquecimiento que van desde ciencias empresariales y economía hasta danza latina. Se organizan viajes de fin de semana para mostrar a los estudiantes lo mejor de Nueva Inglaterra.

America's Adventure Ventures Everywhere (AAVE):
Teen Adventures
(**www.aave.com**)
AAVE proporciona programas de verano que sastisfarán los intereses de cualquier estudiante—a nivel académico, de servicio comunitario, de estudios en el extranjero, y viajes. Los estudiantes pueden escoger de entre toda una gama de programas ofrecidos en diferentes países. Hay programas en Estados Unidos, Latinoamérica, Europa, Asia, África y Australia. Sus hijos pueden elegir hacer snowboarding o esquiar en Suiza, hacer senderismo en los Alpes franceses, practicar bicicleta de montaña en los volcanes andinos en Ecuador, o hacer un curso de inmersión de un idioma extranjero. Los programas requieren fortaleza mental y física, paciencia y compromiso.

College Bridge Program—Northwestern University
(**www.scs.northwestern.edu/summernu**)
Este programa está abireto para estudiantes junior de la escuela secundaria en el sistema de escuelas públicas de Chicago. Los estudiantes se inscribirán en un curso pre universitario y recibirán un crédito universitario por el mismo. Tomar clases con estudiantes de Northwestern proporcionará a sus hijos adolescentes con incalculable experiencia en la vida académica y social en el campus.

Early Start Program—
University of California Santa Barbara
(Comienzo Temprano)
(**www.summer.ucsb.edu**)
Los estudiantes de décimo, onceavo o doceavo grado pueden participar en este divertido y emocionante programa académico. Los estudiantes se enrolarán en dos cursos pre universitarios que se ajusten a sus intereses. El objetivo del programa es aumentar la competitividad del alumno cuando haga el proceso de ingreso a otras universidades de la nación.

High School Summer Institute–
Columbia College Chicago
(Instituto de verano para high school de
Columbia College Chicago)
(**www.colum.edu**)
Este programa de cinco semanas está diseñado para sopho-
mores (segundo año) de la escuela secundaria, y para juniors y
seniors (tercero y cuarto año) que quieran aprender más acerca
de las artes visuales, mediáticas y de comunicaciones. Sus hijos
serán animados a explorar sus ideas y su pensamiento creativo,
utilizando una serie de instalaciones en el campus—estudios
de arte, laboratorios de diseño gráfico, estudios de producción
de películas y videos, y mucho más. El campus está en el centro
de Chicago.

Honor College Pre-Collegiate Institute–
Florida International University
(**http://honors.fiu.edu/program_collegiate.htm**)
Este exigente programa de verano ofrece a los estudiantes la
oportunidad de enrolarse en cursos universitarios el verano
anterior a su año senior de high school. Los estudiantes
deben ser residentes de Florida para poder ser elegibles para
este programa.

Latino Community Leadership Seminar–
University of Notre Dame
(Seminario de liderazgo para la comunidad Latina)
(**www.nd.edu/~precoll**)
Sus hijos podrán explorar el papel de los latinos en la sociedad
norteamericana, mediante una serie de presentaciones y
discusiones. Los adolescentes obtendrán una mejor comprensión de los valores de la cultura latina, aprenderán importantes destrezas de liderazgo y desarrollarán un fuerte
compromiso al servicio comunitario. También tendrán acceso a
instalaciones deportivas recreativas, actividades fuera del
campus y eventos sociales.

Leadership Experience (Experiencia de liderazgo)
(**www.learningtolead.org**)
Esta experiencia de una semana en verano es ideal para estudiantes que deseen desarrollar sus destrezas de liderazgo. El programa está abierto a estudiantes de los grados 8 a 12. Durante la semana, los niños participarán en emocionantes proyectos, talleres interactivos, y sesiones que mejoren sus destrezas. Estas actividades se centrarán en aspectos críticos de liderazgo como la negociación, la toma de decisiones y la motivación. Para el final de la semana, sus hijos habrán desarrollado destrezas clave para su éxito.

Putney Student Travel
(**www.goputney.com**)
Putney Student Travel está abierto a estudiantes de high school de los grados 9 a 12 que busquen un verano divertido, motivador y educativo. Estos programas ponen énfasis en el servicio comunitario, concientización global, y exploración cultural. Putney ofrece programas en diferentes países de todo el mundo, incluyendo Ecuador, Madagascar, e India. Les da a sus hijos la oportunidad de aprender acerca de una nueva cultura, mediante su participación en la comunidad.

Senior Enrichment Program—
Julian Krinsky Camps and Program
(Programa de enriquecimiento para estudiantes de cuarto año)
(**www.jkcp.com**)
Este programa es una gran oportunidad para experimentar la vida universitaria. Sus hijos pueden asistir a clases en las artes, negocios, preparación para los exámenes SAT, y muchos otros temas, además de actividades deportivas, viajes y programas especiales.

Student Leaders in Service–
Birmingham Southern College
(Estudiantes líderes en servicio)
(**www.bsc.edu**)
Este programa residencial de una semana de duración expone a los estudiantes de escuela secundaria a teorías de liderazgo y oportunidades para practicar el liderazgo a través de diversas actividades de servicio comunitario. Sus hijos también obtendrán una muestra de la vida universitaria viviendo en los dormitorios, participando en actividades en el campus, y conociendo alumnos actuales. El programa está abierto a estudiantes durante el verano anterior a su último año de la escuela secundaria.

Summer College for High School Students–
Syracuse University
(Curso de verano en la universidad para estudiantes de escuela secundaria)
(**www.summercollege.syr.edu**)
Este programa de seis semanas para estudiantes junior y senior de la escuela secundaria ofrece a los estudiantes una muestra de la vida universitaria académica y social. Los créditos por horas cursadas se otorgan cuando se completen exitosamente los cursos.

SuperCamp–Senior Forum
(Super campamento–foro de estudiantes de cuarto año)
(**www.supercamp.com**)
En este programa académico de verano sus hijos aprenderán cuales son sus fortalezas, perseguirán metas, desarrollarán destrezas para aumentar sus calificaciones en exámenes, y reducirán el estrés escolar. También hay un fin de semana para padres que está diseñado para enseñar a los padres las habilidades que aprenderán sus hijos para que estén mejor capacitados para relacionarse con ellos después de la experiencia de SuperCamp.

Libros

Peterson's Summer Opportunities for Kids & Teenagers
(Oportunidades de verano para niños y adolescentes de editorial Peterson)
Un libro excelente que enumera más de mil campamentos y programas de verano, que van desde clínicas de arte hasta aventuras en la naturaleza.

The Princeton Review: The 500 Best Ways for Teens to Spend the Summer (The Princeton Review: las 500 mejores maneras en que los adolescentes pueden pasar el verano)
Una gran guía para encontrar programas de verano emocionantes y educativos.

Capítulo 5

Participación de los padres en la escuela secundaria

La escuela secundaria es una época muy difícil para los muchachos y más aún si no fueron criados en este país. A esta edad, los adolescentes son más independientes, están buscando su identidad, su necesidad de pertenecer a un grupo está exacerbada, y están dispuestos a probar cosas nuevas. También son más susceptibles a las malas influencias. Todos son buenos motivos para que usted permanezca involucrado en su educación y en sus vidas incluso cuando los adolescentes son reticentes a permitir que sus padres opinen sobre lo que sea.

Una de las areas en las que usted debería involucrarse es el balance entre la vida social de sus hijos y su trabajo escolar. Aún cuando es importante animar a sus hijos a que pasen tiempo con otros jóvenes, la escuela secundaria también es una época en la que deben centrarse en trabajar duro. Las calificaciones cobran aún más importancia para que sus hijos tengan más oportunidades para ir a las universidades que desean y para obtener becas.

Consejo de un experto

Charles Strange, director de **Cherry Valley-Springfield Junior Senior High School** en Cherry Valley, Nueva York, recalca que las escuelas no pueden ser exitosas si los padres no participan en guiar a los estudiantes. "Quisiera ver a los padres más involucrados en aumentar las aspiraciones de sus hijos. También queremos que expongan a los muchachos a oportunidades profesionales que ellos hayan experimentado como padres", dice.

Identificar mentores

Otra área en la que debería involucrarse es en encontrar *mentores* para sus hijos. (Mentores son personas que guían y ayudan a otras en diferentes etapas de la vida.) Si usted no puede guiar a sus hijos a lo largo de *high school* como quisiera, ayúdeles a encontrar personas que sí pueden. Puede ser alguien de su familia, o de la familia de uno de los amigos de sus hijos. Busque una persona que comprenda bien el sistema educativo, y pídale que le ayude con las preguntas que puedan tener sus hijos. También debería identificar a varias personas que tengan carreras y ocupaciones interesantes acerca de las que sus hijos quieran saber más. No hay nada mejor para que los estudiantes obtengan una clara perspectiva de lo que implica un trabajo, que pasar tiempo con alguien que hace ese trabajo. Si no puede identificar un mentor para su hijo, no se preocupe. En la mayoría de las comunidades, hay varios programas de mentoría que usted puede explorar, como *Big Brothers and Big Sisters* **www.bbs.org** por ejemplo. También puede encontrar muchos programas de mentoría en el siguiente sitio web: **www.islandnet.com/~rcarr/mentorprograms.html**. También debería hablar con el *guidance counselor* o el director de la escuela de su hijo para pedirle sugerencias. Si no obtiene una respuesta satisfactoria, visite su biblioteca local y hable con el bibliotecario.

Recuerde que desarrollar una relación cercana con adultos que sirvan de mentores es una gran forma de que los niños sigan por el buen camino, y a menudo es más fácil para los muchachos escuchar a adultos que no sean sus padres. Simplemente asegúrese de que conoce bien a los adultos antes de confiarles a sus hijos.

Consejo de un padre

Alfonso Zhicay, padre de una hija de 15 años que ha recibido muchos galardones, dice "El mayor desafió que enfrento con mi hija ahora mismo es lidiar con las cosas que le ofrecen sus compañeros, como las drogas. He encontrado formas de hablar con ella, de mostrarle los beneficios y las desventajas". La sugerencia de Zhicay para contrarrestar la influencia de los compañeros es estar involucrado: "Mi esposa y yo asistimos a cada reunión escolar y además, yo paso por la escuela dos veces al mes para hablar con el consejero. Me cuentan cómo progresa y si asiste regularmente a clase".

Mantener abiertos los canales de comunicación

Estar involucrado con la educación de sus hijos significa que debería considerar ser miembro del PTA al igual que cuando sus hijos eran más jóvenes. También implica que tiene que mantener un diálogo lo más abierto posible con sus hijos. Cuanto más hable con ellos, más los escuche y más al tanto esté de sus actividades, sus obligaciones y sus preocupaciones, menos probable será que sus hijos se metan en problemas. "Hay algunos valores que se les escapan a muchas familias americanas en estos momentos, pero que todavía existen en otros países", explica el señor Strange de *Cherry Valley-Springfield Junior Senior High School.* "Las familias deben cenar juntas. Necesitan un tiempo, un lugar y un motivo para sentarse a hablar y esto debería ser la regla y no la excepción. Yo culpo a la televisión y al microondas de este cambio, y también la obsesión de mantener ocupados a los niños, ya que a menudo es este constante frenesí de actividad lo que limita el tiempo cualitativo que los padres tienen para dedicarles a sus hijos".

En los últimos años se han hecho numerosas investigaciones que identificaron mayores factores de riesgo en niños en cuyos hogares los miembros de la familia no se sientan a comer todos juntos al menos una vez a día. La cultura latina valora tanto la comida y la cultura, que si esta tradición se perdió en su familia, debería procurar restaurarla lo antes possible. Asegúrese de que toda la familia se sienta junta para cenar cada noche—apague el televisor para fomentar la conversación y aproveche la oportunidad para compartir cómo fue el día de cada uno de ustedes. Acostúmbrense a conversar entre ustedes.

Marcela Hoffer, trabajadora social clínica, sugiere que mantener un diálogo abierto no solo significa hablar: "Si los padres se dan cuenta de que a su hijo le encanta el béisbol, por ejemplo, deberían sentarse con él a mirar un partido. Si comparten un interés, incluso sin hablar, el muchacho se sentirá comprendido y no se sentirá solo".

Consejo de una experta

Ana C. Ansin, Oficial de Instrucción del Programa de educación migrante de El Paso Independent School District, comenta, "El mayor obstáculo que enfrentan los niños latinos en esta área con respecto a la escuela secundaria es la pobreza. La mayoría de estudiantes con los que trabajo provienen de hogares de nivel socioeconómico muy bajo, en que los padres no han tenido la oportunidad de terminar la escuela elemental y algunos no saben leer ni escribir. Sus hijos no tienen una buena base en su lengua materna, lo cual hace incluso más difícil el aprender una segunda lengua. Debido a que el idioma es un obstáculo para muchos de ellos, su autoestima y confianza se ve afectada, al igual que sus habilidades sociales. Debido a que sus padres tan sólo tienen la educación mínima y no han sido expuestos a otras formas de vida, algunos de ellos ni siquiera saben que la educación es la única herramienta que sus hijos necesitan para romper el ciclo de pobreza y así poder tener éxito".

Como ven, los comentarios de Ana van de la mano de la historia de Martín Curiel, con la que comencé este libro.

Escoger cursos

Para que los alumnos obtengan todos los créditos necesarios para graduarse, tienen que tener un plan. La misión de usted debería ser involucrarse pronto en el plan para ayudarlos a satisfacer los requisitos para graduarse.

Mirando juntos la lista de cursos ofrecidos, puede comentar con sus hijos las diferentes posibilidades. Por ejemplo, si la escuela requiere dos créditos de historia o estudios sociales, es posible que puedan escoger entre historia norteamericana, historia del mundo, historia antigua, etc. Usted puede sugerir ciertos temas basándose en los intereses de sus hijos y hacia dónde podrían encaminarse en el futuro. Una vez más, si siente que usted no es la persona más adecuada para ayudarlos a tomar este tipo de decisiones, procure encontrar alguien que pueda guiarlos.

Cuando estén evaluando cursos, anime a sus hijos a escoger clases más difíciles. No sólo los ayudará a desarrollar fuertes destrezas académicas, que son cruciales para los muchachos cuya meta es asistir a la universidad, pero los mantendrá más ocupados. A veces los muchachos pueden escoger clases más fáciles sólo porque sus amigos lo hacen, o para no tener que trabajar tan duro. Pero usted ya sabe por experiencia propia que cuando usted no se esmera en su trabajo, paga por ello más adelante. Ayúdelos a evaluar las ventajas de tomar cursos más avanzados, clases de *Advanced Placement*, y el programa *International Baccalaureate*.

Además, asegúrese de quejarse si ponen a su hijo en una clase que no pidió, o que está por debajo de su nivel de destreza. Muchas veces, los padres son más persuasivos que los alumnos cuando se trata de este tipo de asunto. Así que hágase escuchar si su hijo no obtiene la atención que él o ella se merece. Lo mejor es intervenir rápidamente porque estos cambios deben hacerse lo más pronto posible dentro del semestre.

Conocer a los profesores

Es esencial que usted se familiarice con el personal de la escuela desde el primer día. No sólo tiene que conocer a los maestros de su hijo, sino a todos los adultos dentro del edificio que están involucrados con su hijo de una manera u otra. Diferentes escuelas tienen diferentes estructuras. Algunas tienen decanos, jefes de departamento, directores de asistencia, consejeros, centros para recién llegados, etc.

Comprender la estructura le ayudará a tener acceso a ella fácilmente, siempre que lo necesite. Si desarrolla una fuerte relación con todas estas personas y tiene la costumbre de visitar la escuela de sus hijos en forma regular, tanto sus hijos como los maestros recibirán el mensaje de que usted tiene altas expectativas para sus hijos y que usted está disponible si lo necesitan.

Educación especial en la escuela secundaria

Resulta interesante comprobar cómo los padres anglos luchan por conseguir que evalúen a sus hijos si tienen incluso la más leve sospecha de que pueden necesitar educación especial, y cómo luchan para conseguir que la escuela proporcione esa ayuda especial de inmediato y a lo largo de los años de escuela secundaria. En contraste, los padres latinos tienden a reaccionar negativamente cuando les dicen que sus hijos pueden necesitar servicios especiales. En muchos casos, se niegan a permitir que sus hijos sean evaluados y también se niegan a recibir la ayuda extra que la escuela ofrece.

Consejo de un experto

El Dr. Donald Carlisle, el superintendente de Port Chester, sugiere que si los padres tienen cualquier sospecha de que sus hijos pueden requerir ayuda extra, deberían conseguir que sus hijos sean evaluados. "Algunos padres que no confían en la escuela deberían hacer que sus hijos sean evaluados por un profesional externo. Incluso, si se sienten más cómodos, deberían hacer que sus hijos sean evaluados por un profesional latino y llevar los resultados a la escuela. La otra idea sería encontrar un interlocutor latino en la escuela y hablar con esa persona".

Los niños no desarrollan dificultades de aprendizaje, ni cualquier otra dificultad de la noche a la mañana. Así que, si su hijo está entrando en el sistema escolar norteamericano por vez primera al nivel de la escuela secundaria, y tiene una discapacidad o dificultad, ya deberían haberlo identificado como candidato para recibir servicios especiales. Sin embargo, según Anthony Bellettieri, psicólogo escolar de escuela media y secundaria, muchos alumnos que entran en la escuela sin hablar nada de inglés pueden pasar por el sistema sin haber sido identificados como candidatos para recibir educación especial hasta que llegan a *high school*, simplemente porque todavía no hablan el idioma y la escuela piensa que ese es el problema.

Sea cual sea su situación específica, si usted advierte que sus hijos tienen dificultades—de comunicación, de comprensión, de oído, de comportamiento o en áreas emocionales, psicológicas o motoras—debe informar a los maestros de inmediato. Se trata de que su hijo sea evaluado enseguida, para que el problema pueda ser identificado y su hijo pueda comenzar a recibir servicios. Por ley, si el primer idioma de su hijo es el español, debe ser evaluado en español por un nativo de ese idioma. Y también por ley, la escuela no puede evaluar a su hijo sin su consentimiento.

Consejo de una experta

Jessica O'Donovan, directora de un amplio programa de ESL (inglés como segunda lengua) explica: "Si su hijo requiere servicios de educación especial y la escuela no tiene un maestro o maestra bilingüe de educación especial, debe preguntar a la escuela o al distrito cómo piensan abordar tanto sus necesidades de aprendizaje como sus necesidades idiomáticas. Por ejemplo, la escuela puede decidir contratar un ayudante de maestro bilingüe, para que trabaje junto al maestro y ofrezca apoyo en el idioma nativo del niño cuando lo necesite. Todas las situaciones son diferentes, pero lo más importante es asegurarse de que el programa instructivo satisface totalmente las necesidades de su hijo".

En este país hay disponible una amplia gama de servicios para alumnos con cualquier tipo de discapacidad. La idea es que reciban estos servicios en el entorno menos restrictivo, lo cual quiere decir que siempre que sea posible, es mejor que el alumno asista a una clase normal en la que un segundo maestro trabaje con él individualmente. Otra alternativa podría ser que se saque al niño de la clase durante un período para trabajar en una materia particular en la que el niño requiere más ayuda. Los niños con discapacidades severas pueden ser puestos en una clase separada.

Lo que es importante que usted tome en consideración es que usted es el mayor defensor de sus hijos. Si necesitan ayuda extra, usted tiene que dedicarse a que la obtengan. Primero, aborde a los maestros. Si no obtiene una solución satisfactoria al problema, hable con el director o directora, y si esto no da resultado, hable con la persona de la oficina del distrito que esté a cargo de educación especial. ¡No pare hasta que su hijo obtenga la ayuda que él o ella necesita!

Una palabra acerca de cómo abordar situaciones de matiz étnico

Si sus hijos se quejan de un comentario o actitud de matiz étnico por parte de un maestro, procure descubrir qué paso, e intente evitar juzgar de inmediato. Piense un momento acerca de sus propios prejuicios, y considere la posibilidad de que el maestro se haya equivocado. Pida a su hijo que haga una cita con su maestro en la que explique que los comentarios o actitudes lo hacen sentir incómodo. Sugiérale a su hijo que hable en primera persona—"Me siento disminuido cuando usted hace esos comentarios"—de manera que simplemente exprese sus sentimientos y el maestro no se sienta atacado. A veces, una reunión entre ellos logrará resolver el problema. Sin embargo, es posible que su hijo tenga que hablar con el *counselor* de la escuela y pedirle ayuda o—si las cosas no mejoran—pedirle que intervenga. Si es necesario, el siguiente paso de este proceso debería ser una reunión entre usted, el maestro, el *counselor* y su hijo. Si la situación no mejora, entonces considere hablar con el director de la escuela.

A lo largo de la situación, mantenga la calma. Cuanto más racional sea usted, mejor podrá explicar la situación desde el punto de vista de su hijo —y quizá incluso clarificar algunos estereotipos culturales—y mejores serán sus oportunidades para resolver la situación con escaso impacto negativo sobre todos los involucrados.

Consejo de un experto

El Dr. Carlisle sugiere firmemente que los padres consideren diferentes escuelas. "Creo que los padres latinos no están tan acostumbrados a elegir entre diferentes escuelas como otros grupos. A lo largo de mi carrera como superintendente de distritos en todo el país, siempre he recibido padres que vienen a mi distrito sin previo aviso, y me piden que les haga un tour de las instalaciones de cualquiera de las escuelas. Yo sabía que estaban comparando escuelas y yo hice lo mismo cuando me mudé de Texas al Noreste. Consideré varias escuelas para mis hijos".

Identificar y apoyar la vocación de sus hijos

High school también es un buen momento para que usted y sus hijos comiencen a explorar sus vocaciones. Para esta altura, ya sabrá cuales son sus talentos. Comiencen a hablar acerca de lo que les gustaría estudiar cuando terminen la escuela. Aunque sus ideas puedan diferir de lo que usted quiere que estudien, esté abierto. Los jóvenes que son presionados a seguir una determinada carrera—para apoyar el negocio familiar, por ejemplo, o algo que es prestigioso en su país—tienden a rebelarse, rehusando ir a la universidad. Procure comprender que una carrera es algo con lo que sus hijos tendrán que vivir durante el resto de sus vidas. Debe ser su propia elección.

Habiendo dicho esto, usted puede guiar a sus hijos en el proceso de encontrar una carrera que se ajuste a sus necesidades y talentos. Una carrera en las artes, por ejemplo, no necesariamente quiere decir que se vayan a morir de hambre. Usted puede ayudarlos a explorar carreras artísticas interesantes que les permitirán expresar su talento y a la vez mantenerse. Hable con el *counselor* de la escuela para que le dé ideas, visite un centro profesional en su universidad comunitaria local, o haga búsquedas en Internet con sus hijos.

En los Estados Unidos, se valoran mucho las vocaciones de las personas. En un mercado competitivo como éste es muy importante para sus hijos escoger una carrera en la que sientan la necesidad de crecer y competir. Si les obliga a seguir la carrera de los sueños de usted, o lo que se valora en su propio país, es muy posible que no alcancen su potencial completo y que sean muy infelices.

Piense en ello de esta manera—es probable que haya muchos aspectos de la cultura latina que sean una prioridad para usted, como su idioma, sus valores familiares, su religión, etc. Estos son los aspectos que usted siente que sus hijos deben mantener vivos. Procure asegurarse de que sus hijos mantengan estas tradiciones mientras que al mismo tiempo comprenda que para que sus hijos tengan una mejor oportunidad de éxito en Norteamérica, usted tendrá que perder algunas batallas. Una de ellas podría ser la batalla de la vocación. Dejar a los jóvenes escoger lo que desean hacer con sus carreras es un rasgo norteamericano que quizá tendrá que asimilar.

La mayoría de las escuelas ofrecen cursos de exploración de carreras, pero incluso si la escuela de sus hijos no lo hace, es muy probable que tengan programas en su biblioteca de *software* que su hijo podría utilizar. Sus hijos pueden realizar sus propias indagaciones y luego comentar los resultados con usted, con el consejero de la escuela o con cualquier otro adulto que pueda ser su mentor. Algunos de los programas disponibles son: *Coin*, *Choices*, y *Discover*.

Quizá también quieran mirar el *Occupational Outlook Handbook* **www.bls.gov/oco**, un directorio publicado por el gobierno federal que enumera todos los trabajos que existen, junto con los requisitos, su escala salarial, y proyección de futuro.

Cápsula de inspiración

"Creo firmemente que a veces somos nuestros propios peores enemigos, al no empujarnos hacia el siguiente nivel. No se focalice en el pasado y no piense que no puede cambiar. En lugar de eso, desafíese a ser la mejor persona que puede ser cada día, y céntrese en el futuro. Cada día, dígase una afirmación positiva: 'Soy un estudiante exitoso e iré a la universidad y me graduaré el año que viene'", dice María D. Soldevilla.

Capítulo 6
Cómo ayudar a su hijo a permanecer en la escuela y a no meterse en problemas

En los últimos años, las estadísticas han demostrado que más y más muchachos latinos abandonan la escuela—o a veces directamente no entran en la escuela si son inmigrantes recientes—para unirse a una banda o pandilla. El rápido crecimiento de las pandillas urbanas preocupa a autoridades y a padres por igual.

Enfrentados a una falta de sentido de comunidad y pertenencia, los jóvenes buscan alternativas que pueden terminar siendo muy malas elecciones. Esto también es un mayor riesgo para los niños que crecieron separados de sus padres y se reunieron con ellos en los Estados Unidos después de muchos años.

Consejo de una maestra

Marjorie Venegas, maestra de ESL (inglés como segunda lengua) que trabaja tanto en una escuela secundaria como en una cárcel de condado comparte: "Una forma de descubrir si su hijo se está metiendo en problemas es mirarle la uña del dedo meñique. Si es larga y puntiaguda, la puede usar para aspirar cocaína y como arma para hacer daño a alguien. Enseño inglés en una cárcel y muchos de mis alumnos han matado a alguien con esa uña.

> También debe observar cómo se viste. Si antes vestía con diferentes colores y ahora solo lleva ropa de color negro, u otro color específico, puede significar que se ha unido a una pandilla y que esos son los colores de la misma. Algunos muchachos pueden comenzar a llevar maquillaje en los ojos o bien aretes, o pueden escuchar música con letras muy violentas. Otros que antes hablaban mucho, dejan de hacerlo, o si eran muy sociables, de pronto no salen o lo hacen a horas extrañas y comienzan a fracasar en la escuela. Usted tiene que estar muy pendiente porque hay pandillas en todas partes, no sólo en las grandes ciudades, sino también en los suburbios".

¿Cómo se asegura de que sus hijos no se involucran con las personas equivocadas? Para empezar, debe hablar con ellos y aprender a escucharlos. Hábleles cuando son jóvenes y nunca deje de comunicarse. Siempre procure descubrir sus intereses, sus preocupaciones, sus sueños y sus miedos. Haga que se sientan queridos, importantes y que valen la pena. Sepa que uno de los motivos por los que los jóvenes se unen a pandillas es para "ser alguien". No les dé la oportunidad de necesitar ser alguien en un entorno peligroso. Ayúdeles a alcanzar su máximo potencial permaneciendo en la escuela.

Para saber más información acerca de diferentes pandillas latinas, cómo y dónde operan, sus colores, nombres y los tatuajes específicos que llevan, visite *The National Alliance of Gangs Investigators' Association* **www.nagia.org** (Asociación de la alianza nacional de investigadores de pandillas).

Obviamente, la mejor manera de ayudar a sus hijos adolescentes a permanecer en la escuela es seguir siempre involucrado en su educación. Una vez más, no piense que porque quieren su independencia, usted debería desentenderse por completo e ignorar lo que está pasando en la escuela y en sus vidas. Los adolescentes necesitan supervisión. Si no puede estar en casa cuando salgan de la escuela, asegúrese de que están enrolados en programas después de la escuela. Usted debe saber dónde y con quién están en todo momento.

Consejo de padres a padres

Jorgelina y Fermín Acosta son los padres de dos adolescentes. La adolescente mayor, Jocelyn, estudia biología en la Universidad de Buffalo. Jorgelina y Fermín comparten el secreto de su éxito. Como padres con educación y recursos limitados, han conseguido animar a su hija a que se involucre en la comunidad, que tenga calificaciones excelentes y que reciba becas que reconocen sus logros académicos. "Hay que estar ahí cada día cuando sus hijos regresan de la escuela. Nunca deberían permitir que estén solos vagando por las calles", dice Jorgelina. "Siempre les dijimos que tenían que terminar sus obligaciones antes de que pudieran salir a jugar", añade Fermín. "A veces los muchachos mienten y te dicen que no tienen tarea para poder salir y divertirse, pero nosotros comprobábamos a diario si tenían algo que hacer, y cuando eran más pequeños, también firmábamos el libro de la tarea", dice Fermín.

Como señalan acertadamente los padres de Jocelyn, es esencial que usted esté en casa cuando los niños vuelvan de la escuela o, como dije antes, que usted los anote en programas para después de la escuela. El secreto es supervisar a los adolescentes para que no estén solos con otros adolescentes durante todo su tiempo libre.

También debería tomar en consideración que los niños que asistieron a la escuela durante varios años en Latinoamérica tienden a tener dificultad en adaptarse a lo que suele ser un sistema más rápido. Este es un sistema escolar en que la enseñanza es menos personal que en sus países nativos, donde los maestros conocen a cada alumno personalmente y los tratan como si fueran sus propios hijos. Como dice la Señora Venegas. "Aquí hay entre treinta y cuarenta estudiantes por clase y los maestros tienen que pasar lista de asistencia para recordar el nombre de cada alumno". Si además de esto no hablan inglés, se comprende que se puedan sentir bastante perdidos en la escuela. Aunque obtendrán ayuda extra con las diferentes materias—por lo general un segundo maestro trabajará con ellos en la clase—necesitarán todo el apoyo en casa que usted pueda darles para hacer la transición un poco más fácil.

Todos sabemos lo desafiantes que pueden ser los adolescentes. Sin embargo, procure no tomarse estas cosas en forma personal. Si de repente su hijo no habla con usted tanto como solía hacerlo, no suponga de inmediato que es porque pasa algo con la relación. Respete su nueva necesidad de privacidad. Están desarrollando su propia identidad y parte del proceso es reivindicar su independencia. La clave aquí es encontrar el balance entre supervisarlos y permitirles cierto nivel de independencia.

A lo largo de estos difíciles años, los niños lidian con muchos cambios psicológicos y físicos, presión de los compañeros y altibajos emocionales. Es importante como padre demostrarles su fuerza y su apoyo, y sobre todo que los ama y le interesa su bienestar.

Cosas que usted puede hacer para evitar que su hijo se meta en problemas: la lista de puntos a considerar

Hay muchas cosas que usted puede hacer para aumentar las posibilidades de que sus hijos permanezcan en la escuela y se destaquen en sus estudios, a la vez que no se meten en problemas.

■   Busque escuelas más pequeñas en las que la instrucción sea más personalizada. Esto ayudará a sus hijos a sentirse apoyados y estimulados.

■ Busque escuelas en las que se valora una segunda lengua y la cultura latina se considere un valor añadido, y en las que no serán objetivo de burla, o peor, de discriminación.

■ Sea consciente de los puntos fuertes y débiles de sus hijos en cada materia lo más pronto possible, para que pueda ayudarlos a obtener la ayuda que necesitan.

■ Sea consciente de las fechas de exámenes y los requisitos de preparación.

■ Haga que su hogar sea donde sus hijos pasan tiempo con sus amigos. De esta manera, conocerá a los amigos de sus hijos, y tendrá una mayor capacidad para controlar dónde están sus hijos y cómo pasan su tiempo. Para llevar esto a cabo, sugiera que inviten a sus amigos a mirar partidos deportivos en su casa, organizar fiestas, cenas informales y reuniones de fin de semana en las que invite a los amigos de sus hijos y quizá incluso a sus padres.

■ Participe en ferias escolares, eventos para recaudar fondos, etc., al igual que haría con sus hijos de menor edad. Cuando sus hijos lo ven en la escuela con frecuencia, saben que usted puede fácilmente hablar con cualquiera de los maestros. Si maneja el Internet, puede mantener una comunicación fluida con los maestros a través de email. En la actualidad, casi todos los maestros tienen cuenta de email para conectarse con padres y estudiantes.

■ Acostúmbrese a ir a la escuela para saber cómo es la asistencia de su hijo, su comportamiento y sus calificaciones, incluso cuando la escuela no lo llame a usted. El maestro quizá le diga que sus hijos son demasiado callados o que no tienen amigos. Esto puede indicar que está pasando algo de lo que usted no se dio cuenta en casa.

■ Establezca reglas y límites estrictos. Aunque se rebelen contra ellos, los adolescentes necesitan y quieren límites. Les demuestran que usted se preocupa por ellos. Por ejemplo, muchos adolescentes se quedan despiertos hasta muy tarde por las noches, y no duermen lo suficiente. Esto afecta su asistencia a la escuela y sus calificaciones. Así que usted debería limitar el tiempo que ellos pasan mirando televisión, enviando mensajes de texto, chateando en Internet, jugando con videojuegos o hablando por teléfono.

■ Dé a sus hijos incentivos cuando consigan determinadas metas. Por ejemplo, permítales que pasen tiempo con sus amigos por las tardes si se preparan para un examen y obtienen buenas calificaciones. Quíteles privilegios si no rinden como deberían.

■ Procure mantener un balance entre ser el mejor amigo de su hijo y ser su padre. A los padres que solo son amigos de sus hijos a menudo les cuesta ejercer su función de padres.

■ Asegúrese de que hay alguien en casa cuando vuelven de la escuela, o que están anotados en actividades extracurriculares que los mantengan ocupados.

Consejo de alumno

Rodolfo Vaupel, Jr., sophomore en la universidad, de 20 años de edad, comparte: "Las personas erróneas eran simplemente otros estudiantes que tiraron la toalla debido a las barreras del sistema. He visto a muchachos como yo y mejores que yo meterse en bandas, drogas y prostitución, debido a las barreras que enfrentaron para entrar en la universidad. Yo permanecí en la universidad porque mis padres me dijeron que terminara la escuela secundaria y que viera lo que obtendría si ponía todo mi empeño. Si no fuera porque mis padres me empujaron a hacerlo, ni siquiera hubiera aplicado para entrar en la universidad".

La mejor forma de ayudar a sus hijos a permanecer en la escuela, sin embargo, es detectar cualquier señal de problemas desde el principio. Hacer esto requiere prestar mucha atención por su parte, y la disposición de modificar su propio comportamiento cuando sea necesario.

Para empezar, siempre debería observar cualquier cambio en el comportamiento de sus hijos—por ejemplo, si no responden el celular cuando los llama, o si le responden de mala manera cuando les pregunta algo—cómo se visten, sus patrones alimenticios y de sueño. La clave de su observación es que debe evitar cualquier tipo de crítica. Cuando usted critica a sus hijos, los aleja de usted y los anima a que lleven a cabo sus cambios sin que usted lo sepa. Por ejemplo, dejarán la ropa costosa que compraron con dinero de drogas en casa de un amigo, y usted nunca lo sabrá.

Así que si usted ve cambios, hágales a sus hijos preguntas como, "¿Intentas expresar algo llevando esa bandana?" o "¿Sientes que debes ponerte esos pantalones tan holgados porque los otros muchachos los llevan?" Es muy probable que algunos de los cambios que experimentan sus hijos tengan que ver con su edad y no con el hecho de que se han unido a una pandilla o que se han metido en problemas.

Lo mismo ocurre si las calificaciones de su hijo empiezan a bajar. Busque la causa en lugar de criticarlo o castigarlo. Haga preguntas tipo: ¿Crees que necesitas ayuda en esta área?" o "¿Estás durmiendo lo suficiente?" "Sé que te puede ir mejor. ¿Hay algo que te esté preocupando?"

A menudo las críticas se hacen en forma de comentarios, como "¡No sé a quién te pareces! No tienes nada en común conmigo / con esta familia", o "Tu abuelo estaría tan decepcionado por tu comportamiento". Comentarios como estos pueden hacer sentir a sus hijos que no pertenecen a la familia y es más posible que se sientan empujados en la dirección equivocada. En lugar de eso, su tarea es mostrar preocupación y proporcionar un entorno agradable en el que ellos sientan que pueden hablar con usted.

Muchos expertos sugieren que usted organice salidas divertidas con su familia. Descubra qué les gusta hacer a sus hijos y háganlo como familia. De esa manera, no sentirán que solo pueden divertirse con personas fuera de la familia.

Otra área en la que quizá quiera modificar su propio comportamiento para poder manejar a adolescentes criados en los Estados Unidos, es en permitirles tener vida social fuera de la escuela. Muchos adolescentes sienten que no tienen tiempo para compartir con sus amigos fuera de la escuela. Si usted no les ayuda a encontrar tiempo para ello dentro de su horario, dejarán de ir a clases y a la larga dejarán la escuela.

Después de establecer reglas claras, también necesita permitir tiempo y privacidad para que sus hijos se comuniquen con sus amigos.

Consejo de un padre

Ricardo Anzaldúa, padre de dos hijos que recientemenet se graduaron de Yale University, sugiere que incluso si los padres no tienen muchos éxitos que mostrar a cambio de sus esfuerzos, tienen que encontrar la manera de demostrar a sus hijos que el trabajo duro y la dedicación finalmente darán sus frutos. "Los padres no deberían temer contar a sus hijos acerca de sus propias luchas para salir adelante, incluso si significa hablar de las dificultades y pobreza en sus países. Muchos no lo hacen por orgullo, o para proteger a sus hijos del temor a la pobreza, pero el resultado es que los niños no saben los sacrificios que tuvieron que hacer sus padres para dar a los hijos una vida relativamente cómoda".

Capítulo 7

Padres que han sido separados de sus hijos

Si usted vino a los Estados Unidos primero y trajo a sus hijos unos cuantos años más tarde, puede haber muchos factores en juego que usted tiene que considerar con atención. Sus hijos pueden haber formado un lazo más fuerte con la persona que estuvo a su cargo que con usted. Pueden albergar sentimientos de abandono y enfado. Es importante que usted no intente obligarles a que lo amen. En lugar de eso, ámelos y esté presente para ellos durante este difícil proceso mientras desarrollan una relación.

Intente ayudarlos a descifrar cómo funciona la escuela, porque van a tener que lidiar con muchas cosas al mismo tiempo—una sensación de pérdida (recuerde que han dejado atrás a sus amigos, novios o novias, miembros de la familia, su escuela), un nuevo idioma, una nueva cultura y una nueva familia.

> ### Consejo de un experto
>
> Anthony Bellettieri, el psicólogo escolar, sugiere: "Involúcrese lo más posible con su trabajo y con sus vidas. Cuando su hijo regrese de la escuela, dígale algo tipo: 'vamos a mirar tus tareas juntos'. Invítelos a ir de compras o realizar otras actividades. También tiene que hacer que su hijo sea conscienete de los motivos que usted tuvo para tomar las decisiones que tomó. Tienen que comprender que todo se hizo para beneficio suyo".

Muchas veces, bajo estas circunstancias, es muy difícil para los niños respetar a los padres que no estuvieron con ellos en los últimos años. Usted tiene que encontrar una manera de comunicarse con ellos, que les haga reconocer la realidad de esta situación. Como sugiere el señor Belletieri, la mejor vía puede ser compartir con ellos los motivos que tuvo para venir a los Estados Unidos sin ellos, como el tener que encontrar trabajo, obtener el estatus de residente legal antes de traerlos a ellos, comprar una casa, etc. Repase los grandes sacrificios que tuvo que hacer, lo duro que tuvo que trabajar, lo mucho que sufrió estando lejos de ellos para que pudieran venir y encontrar una situación más fácil en su nuevo país. Reconozca que también fue muy difícil para ellos; simpatice con su dolor y cuánto le echaron de menos y cuánto están echando de menos a las personas a las que tuvieron que dejar atrás.

Este proceso es duro para muchos padres, porque sienten que hicieron un gran esfuerzo para traer a sus hijos a los Estados Unidos, y ahora sus hijos les están trayendo problemas. Leila Rey, trabajadora social y educadora de *Chicago Public Schools*, me contó la historia de una madre que dejó a su hijo de 12 años en Honduras hasta que cumplió los 16. Ella llegó sola a este país pero luego se casó con un hombre y tuvo tres hijos con él. El adolescente, que soñaba con venir a vivir con su madre, de pronto se encontró con una nueva realidad. Ella estaba demasiado ocupada con su familia actual como para prestarle suficiente atención. "Él no tenía proyectos para su futuro, ni motivación; decía que su madre no era la misma. La juzgaba no solo por haberlo dejado atrás con su abuela, pero porque había formado una nueva familia acá", comparte Leila. "Comenzó a consumir y vender drogas y cuando su madre se enteró, el chico intentó suicidarse. Por otro lado, la madre siente que este muchacho es una carga para ella".

Si usted tuvo más hijos cuando vino a los Estados Unidos mientras sus hijos mayores quedaron en su país de origen, es muy probable que sus hijos adolescentes tengan celos de los más jóvenes que nunca tuvieron que crecer separados de usted, como tuvo que hacer el muchacho de la historia de Leila. Tenga cuidado con esta dinámica.

Consejo de un estudiante

"Recomiendo que esté pendiente de su hijo, pero que no lo presione. Trate los problemas que enfrenta con calma e inteligencia. La violencia no resolverá nada", sugiere Eduardo A. García, estudiante de onceavo grado en Austin High school, en El Paso, Texas.

Cuando los muchachos llegan a este país a en su preadolescencia o adolescencia, es normal que se sientan desorientados en la escuela. "La escuela media y secundaria están muy orientadas a los grupos o camarillas", explica el señor Belletieri, "y ellos entran cuando todos ya pertenecen a un grupo, así que estos muchachos suelen ser solitarios. Este es uno de los problemas sociales que enfrentan. También tienden a gravitar hacia muchachos que están más cercanos a sus raíces culturales, muchachos que no están americanizados, y a veces se sentirán más cercanos a muchachos de una pandilla étnica".

Estos adolescentes también pueden sentir que la escuela es una pérdida de tiempo y que pueden salir adelante mucho mejor buscando trabajo. O quizá usted necesita que ellos trabajen para ayudarlo con los gastos de la casa. Si ese es el caso, intente que trabajen solo un determinado número de horas y que continúen su educación en clases nocturnas o por Internet. Encontrará más información acerca de otras formas de satisfacer los requisitos de la escuela secundaria en el capítulo 2: Las reglas básicas.

También hay casos en los que un padre, normalmente el hombre, vuelve a su país durante largos períodos de tiempo durante el año, dejando a sus hijos en casa con la madre. Si este es el caso en su familia, asegúrese de que el padre permanezca en contacto constante con su hijo por teléfono o correo electrónico para minimizar el impacto que puedan tener estas largas ausencias sobre los niños. Maestros, consejeros y psicólogos escolares todos advierten un cambio en el comportamiento de los estudiantes durante estos períodos de separación.

Lo que es importante es que sea consciente en todo momento de que sus hijos lo necesitan a usted y necesitan su apoyo incluso más que los chicos que nacieron acá o que llegaron al país con usted. Además de estar alerta y en constante comunicación con maestros y consejeros escolares, usted debe buscar ayuda profesional.

La terapia es un verdadero estigma en la comunidad latina y esto crea un gran perjucio a nuestras familias. Intente mantener una mente abierta y darse cuenta de que proporcionar terapia a sus hijos cuando la necesitan puede ser lo mejor para asegurar su éxito futuro.

Consejo de una experta

"Muchos muchachos latinos han perdido el respeto por sus mayores, por sus padres, sus abuelos, por las autoridades...Piensan que pueden tratar a cualquiera igual que tratan a sus amigos. Incluso se puede observar en estudiantes que acaban de llegar y tres meses más tarde ya no son sumisos, y muchos han cambiado su aspecto físico. Obviamente buscan atención. Los padres deben estar muy involucrados en las escuelas de estos muchachos para demostrarles su interés y el hecho de que pueden ir a la escuela en cualquier momento para hablar con cualquier profesor. Deberían formar parte del PTA y estar siempre involucrados", comparte Marjorie Venegas, maestra de ESL (inglés como segunda lengua).

Una última palabra acerca de este tema. Si todavía tiene hijos en su país de origen y está trabajando para traerlos acá, Robin Bikkal, la abogada de inmigración, sugiere que intente viajar entre ambos países varias veces, para establecer una buena comunicación y una buena medida de respeto con sus hijos antes de traerlos acá. Una vez que tenga una relación con ellos y un sentido de autoridad, a todos les costará menos ajustarse a la nueva situación de que ellos vivan con usted en los Estados Unidos.

Capítulo 8

Opciones para estudios postsecundarios

Antes de que sus hijos puedan decidir lo que desean hacer con su educación después de *high school*, es importante comprender qué opciones tiene disponibles. Primero, tiene que saber que las universidades pueden ser públicas o privadas. Las universidades públicas son menos costosas y son financiadas por fondos estatales. La matrícula para los estudiantes que viven en el estado es mucho más barata que para los estudiantes que viven fuera del estado. Las universidades privadas son financiadas por las matrículas y el dinero de donantes. Aunque son más caras que las universidades públicas, pueden ofrecer becas y ayuda financiera y así resultar más asequibles para alumnos que puedan necesitar ayuda.

> ### Consejo de una experta
>
> El Dr. Jorge Castellanos, presidente del departamento de español y director del programa de estudios latinoamericanos en Manhattanville College dice: "La ventaja de asistir a una universidad más pequeña, como Manhattanville, es que proporciona un entorno más cálido, motivador y centrado en el estudiante. Tanto los estudiantes como los maestros se benefician de una comunidad cariñosa, comprensiva y diversa, que fomenta el liderazgo de los estudiantes. Además, como resultado de una menor proporción de profesores con relación a estudiantes, todos se conocen a un nivel más personal. Este entorno apoya una comprensión genuina de un currículo que promueve el éxito académico, social y personal".

Universidades

Las universidades son generalmente más grandes que los *colleges* e incluso pueden tener diferentes escuelas o facultades dentro de ellas—facultad de negocios, facultad de leyes, etc. Algunas universidades otorgan doctorados, y tienden a tener instalaciones en las que llevar a cabo investigación, y toda una gama de oportunidades sociales, como fraternidades de hombres o mujeres, clubes, etc. Pueden ser privadas o públicas. Las ocho primeras universidades del país son parte de lo que se conoce como *Ivy League*. Incluyen: *Brown University, Columbia University, Cornell University, Dartmouth College, Harvard University, Princeton University, University of Pennsylvania* y *Yale University*. Estas son algunas de las mejores universidades del país y hay muchas ventajas asociadas a asistir a ellas—no solo atraen al mejor profesorado y los mejores programas y tienen la mejor reputación, sino que también ofrecen una red de *contactos* fantástica. Una vez que sus hijos se gradúan de una de estas universidades, tienen acceso al grupo de ex alumnos de la escuela, que siempre está preparado para ayudar a los graduados de su universidad.

Cápsula de inspiración

"Si su hijo tiene talento, usted debe empujarlo para que vaya a una de las mejores universidades para las cuales, por cierto, hay becas y ayuda disponibles. Ahí es donde harán todas las conexiones que les abrirán las puertas para el resto de sus vidas", recomienda Abe Tomás Hughes, el presidente de HACE a quien Harvard University le ha abierto muchas puertas.

Estas conexiones son vitales para el avance profesional y para todo tipo de ventajas. Si su hijo es un buen estudiante, explore las becas disponibles para que pueda asistir a las mejores universidades del pais. En un esfuerzo para atraer más diversidad, están también ofreciendo interesantes paquetes de ayuda financiera a los candidatos adecuados.

Colleges

Generalmente hablando, los *colleges* tienden a ser más pequeños que las universidades y también pueden ser privados o públicos. Hay colleges de dos años y de cuatro; hay algunos que solo ofrecen *bachelor's degrees* y otros que ofrecen *graduate degrees* (títulos de grado). Todo depende de la escuela individual.

Community Colleges/ Junior Colleges

Cuando se trata de sus estudiantes latinos, muchos consejeros tienden a recomendarles que asistan a *community colleges* (públicos y no para vivir en el campus) o *junior colleges* (escuelas privadas en que los alumnos viven en el campus o en la comunidad cercana) que son *colleges* que ofrecen *associate's degrees* (diplomaturas de dos años). A veces el hecho de que estos consejeros no animen a que los estudiantes se inscriban en las mejores universidades de cuatro años es una combinación de mala información y el estereotipo cultural (¡basado en la realidad!) de que los padres latinos no quieren que sus hijos vayan lejos a la universidad.

El community college es una gran alternativa, en las circunstancias adecuadas. Por ejemplo:

- Estudiantes que desean continuar su educación y para quienes el dinero es un problema y no tienen las calificaciones lo suficientemente altas para obtener becas.

- Estudiantes que no tienen buenas calificaciones o una buena calificación en su SAT o ACT, y quieren mejorar su rendimiento antes de inscribirse en escuelas más exigentes.

- Estudiantes que tienen una situación familiar—quizá un familiar que necesita cuidado—que les obliga a quedarse en la casa.

Una vez más, bajo las circunstancias adecuadas, incluso las mejores universidades estarán dispuestas a considerar alumnos que asistieron a un *community college*. Todo se reduce a que sus hijos puedan explicar por qué dieron determinados pasos académicos por el camino.

En este país los *community colleges* han hecho posible la educación para miles de personas que ahora son muy exitosas. Debido a que los requisitos de admisión son menos estrictos que en universidades de cuatro años, muchos estudiantes obtienen primero su *associate's degree* (título de dos años) y luego transfieren a una universidad de cuatro años para conseguir su *bachelor's* (título de cuatro años). Si este es el plan, sus hijos tienen que asegurarse de tomar cursos que luego puedan transferir.

Antes de decidir que el *community college* es el camino a seguir, usted y sus hijos tienen que evaluar todas las opciones disponibles. Evalúe las posibilidades reales de entrar en las mejores universidades, estudie las becas y ayuda financiera que podrían recibir y proyecte el tipo de carrera profesional que ofrecería una universidad sobre otra. No tome sus decisiones basándose solo en el hecho de que el *community college* está a la vuelta de la esquina y es más barato. No deje que su propio deseo de que sus hijos sigan viviendo en casa limite sus oportunidades de éxito en este país. Hacerse independientes es una de las mayores lecciones que pueden aprender sus hijos.

Cápsula de inspiración

"Vivir fuera de casa es difícil. Añoro la cocina de mi madre y el hecho de que me hace espaguetis para mi cumpleaños. Y hoy es mi cumpleaños y estoy aquí en la escuela. Pero creo que vivir sola me ha enseñado mucha responsabilidad y por ello estoy agradecida", comparte Jocelyn Acosta, que estudia biología en la universidad de Buffalo y cuya familia vive a 300 millas.

Cuando investigue acerca de universidades, recuerde a sus hijos que verifiquen que la universidad a la que quieren asistir está acreditada por una de las siguientes organizaciones acreditativas.

- *Middle States Association of Colleges and Schools Middle States Commission on Higher Education*

- *New England Association of Schools and Colleges Commission on Institutions of Higher Education*

- *New England Association of Schools and Colleges Commission on Technical and Career Institutions*

- *North Central Association of Colleges and Schools the Higher Learning Commission*

- *Northwest Commission on Colleges and Universities*

- *Southern Association of Colleges and Schools Commission on Colleges*

- *Western Association of Schools and Colleges Accrediting Commission for Community and Junior Colleges*

- *Western Association of Schools and Colleges Accrediting Commission for Senior Colleges and Universities*

Escuelas técnicas/ vocacionales

Este tipo de escuelas pone énfasis en carreras específicas como tecnología informática, artes culinarias, bienes raíces, automotores, etc. Hay algunas escuelas que ofrecen un oficio específico, mientras que otras ofrecen varios. Puede encontrar una lista completa de estas escuelas en **www.khake.com**. Algunas de estas escuelas ofrecen cursos por correspondencia que sus hijos pueden tomar por Internet. Dependiendo de la escuela, ofrecen licencias, certificados y toda una gama de licenciaturas. Recibir una acreditación de esas escuelas generalmente permitirá a los estudiantes que encuentren empleo en su gremio. Es posible tanto que puedan como que no puedan transferir créditos a los programas de licenciaturas más tradicionales, así que deben obtener esta información antes de tomar la decisión de asistir.

Consejo de una experta

Martita Mestey, vicepresidenta ejecutiva de asociaciones estratégicas en iHispano (**www.ihispano.com**), un buscador de empleo online, comparte su experiencia como reclutadora: "Si los estudiantes están pensando en obtener un MBA (Maestría en administración de empresas), por ejemplo, ningún empleador va a mirar a qué universidad fueron para sus cuatro años de carrera. En el momento en que consiguen su MBA, su otra licenciatura es obsoleta. Los empleadores querrán saber dónde obtuvieron su MBA. Así que es mejor ahorrar dinero y asistir a una universidad menos costosa durante cuatro años, y luego asistir a una universidad superior realmente buena, aunque sea muy cara. Algunas personas hacen lo contrario. Gastan mucho dinero en su licenciatura y luego no pueden costearse el MBA. Está claro: una buena universidad ofrece más oportunidades".

Capítulo 9

¿Qué buscan las universidades en los estudiantes que quieren ingresar?

La escuela secundaria es una parte muy importante de la educación de los jóvenes, sin importar si van a continuar la universidad o si buscarán empleo. Las destrezas que adquirirán durante esos cuatro años les ayudarán a progresar en la vida en general. Por eso tiene que incentivarlos a que trabajen y a que al mismo tiempo se diviertan. Patricia Garrity, la directora de Cristo Rey *Jesuit High School* dice que a sus alumnos "les encanta venir a la escuela. Es un privilegio trabajar en un lugar así, donde a los alumnos les encanta venir y a los maestros también". Esto es importante, porque si la escuela secundaria es una experiencia positiva para sus hijos adolescentes, se sentirán animados a continuar sus estudios. Como he dicho a lo largo de estas páginas, es crucial que les ayude a mantener la vista puesta en el gran premio: su licenciatura universitaria. Incluso en escuelas que no están entre las mejores, la admisión es muy competitiva. Ese es el motivo por el cual es esencial que durante sus años de *high school* los estudiantes se focalicen en qué buscan las universidades en quienes llenan solicitudes para ingresar, para que puedan construir un "currículum de escuela secundaria" que sea consistente.

Entre las muchas personas a las que entrevisté para este libro y para este capítulo en particular, Chioma Isiadinso, la presidenta de Expartus (**www.expartus.com**), empresa que ayuda a padres y alumnos a comprender los requisitos fundamentales de admisión a universidades de primera línea, compartió conmigo muy valiora información importante. Además de su experiencia en consultoría, Chioma fue directora asistente de admisiones en *Carnegie Mellon School of Public Policy* y en *Harvard University*. ¡Esta es una mujer que conoce perfectamente cómo piensan los oficiales de admisiones! En esta sección, leerá sus sugerencias en varias ocasiones.

Buenas calificaciones

Tener buenas calificaciones es muy crítico para las universidades. A medida que usted y sus hijos comiencen su búsqueda de universidad, encontrarán que muchas universidades tienen el requisito de un GPA mínimo. Por eso es tan esencial que sus hijos tengan buenas calificaciones desde el noveno grado en adelante. Comprender temprano cómo funciona el sistema de calificaciones en este país les ayudará a mantenerse focalizados en el gran esfuerzo que implica obtener As. Recuérdeles que este tipo de compromiso con el trabajo escolar debe continuar hasta su graduación. A veces los *seniors* (cuarto año) sienten que se pueden relajar, pero muchas universidades han revocado sus ofertas a alumnos que han demostrado esa tendencia. Sin embargo, incluso si sus hijos comienzan sus estudios secundarios con calificaciones flojas, nunca es demasiado tarde para dar un vuelco ya que las universidades observan si las calificaciones han mejorado a lo largo del tiempo. Esto significa que alguien que obtuvo bajas calificaciones en los grados noveno y décimo, pero que mejoró en el onceavo grado, puede ser muy bien considerado.

Una selección de cursos demandante

Los oficiales de admission buscan alumnos que se exigen a sí mismos. Prefieren alumnos que toman clases de honores y cursos avanzados por encima de aquellos que toman clases estándar. Su labor es observar las ofertas de cursos con sus hijos y animarles a que escojan los que presentan un mayor desafío. Incluso si obtienen una calificación promedio de B, es muy probable que una universidad los escoja sobre otro alumno que tenga una calificación promedio de A pero que sólo tomó cursos estándar. Si sus hijos sólo toman cursos estándar le facilitan al oficial de admisiones que los rechace. Básicamente, las universidades buscan alumnos que les muestren que pueden exigirse a sí mismos y salir adelante en cursos difíciles.

Buenas calificaciones en SAT y ACT

Las calificaciones de sus hijos en los exámenes SAT y ACT son factores determinantes importantes en el proceso de admisión de las universidades. Chioma Isiadinso sugiere que los alumnos se preparen y tomen el examen PSAT en el décimo grado, para evaluar en qué pueden necesitar ayuda. Ese año debe prepararse para el SAT y CAT para que puedan darlo durante el primer semestre del onceavo grado.

"De esta manera, si no obtienen buenos resultados, tienen tiempo de dar el examen de nuevo mientras todavía están en el onceavo grado. La clave es evitar esperar al doceavo grado para tomar el test SAT/ACT porque entonces no hay nada que puedan hacer para mejorar su puntuación". La Sra. Isidianso también revela que los alumnos que obtienen calificaciones casi perfectas en sus exámenes de SAT o ACT han estado preparándose con tutores durante largo tiempo. Aunque estas clases pueden ser costosas, hay algunas organizaciones sin fines de lucro que las ofrecen gratuitamente. Por ejemplo, *Let's Get Ready* (**www.letsgetready.org**) es una red de programas de acceso universitario guiados por alumnos. Los voluntarios de la organización sirven de tutores, mentores y modelos a seguir, y guían a los alumnos en desventaja en su camino hacia cumplir sus sueños universitarios. Ofrecen cursos de preparación para el examen SAT y de preparación universitaria tres veces al año. Mire su sitio *Web* para encontrar las localidades donde trabajan.

Además, hable con el *guidance counselor* de su hijo para saber más acerca de organizaciones locales que ofrecen preparación gratis para los examenes SAT y ACT.

Actividades extracurriculares

Al igual que comenté en el Capítulo 4: Actividades extracurriculares y programas de verano, estar involucrado en actividades extracurriculares es un valor añadido extraordinario para la admisión universitaria. "Solía pasar que los oficiales de admisiones buscaban personas polifacéticas que hicieran todo tipo de cosas. Más recientemente, se trata de ser apasionado acerca de una cosa, y focalizarse temprano, en los grados noveno y décimo", recomienda la señora. Isiadinso. Se trata de que sus hijos escojan algo por lo que se apasionen y en lo que se involucren consistentemente.

Consejo de un experto

"Si a su hijo le gusta el ajedrez, por ejemplo, puede convertirse en el presidente del club de ajedrez. Si no hay un club de ajedrez en su escuela, puede crear un club. Luego quizá pueda iniciar una competición de ajedrez para ayudar a recaudar fondos para ayudar a escuelas de la ciudad. Esto demuestra su pasión y su responsabilidad social, una actitud hacia ayudar a otros que son menos afortunados", explica Chioma Isiadinso.

Realizar programas de verano que son acordes con su pasión es otro valor agregado en el momento de querer ingresar a la universidad, de modo que revise ese capítulo de cerca. Dado el número de becas disponibles (mire el capítulo 10), cuando llegue el momento, no podrá usar la excusa de que no pudo costearse estas actividades. Una vez que usted y sus hijos identifiquen su pasión, busque qué programas y fondos hay disponibles para que puedan llevarla a cabo.

El otro aspecto clave de involucrarse en actividades extracurriculares es que los alumnos adopten roles de liderazgo. Esto no solo les dará visibilidad en la escuela o en la comunidad, sino que les ayudará a desarrollar muchas destrezas que les serán útiles más adelante en su vida. Y eso es exactamente en lo que las universidades están más interesadas—en estudiantes que han demostrado habilidades de liderazgo. Una vez más, es mejor que los alumnos escojan unas cuantas actividades sobre las que focalizarse, a las que puedan dedicar tiempo y energía y en las que pueden sobresalir, que seleccionar demasiadas, sólo para que se vea bien su currículum escolar.

El ensayo (redacción/*essay*) de la solicitud de ingreso a la universidad

Al igual que con las becas, la solicitud de ingreso a la universidad requiere que sus hijos escriban una redacción o ensayo. En la solicitud habrá una descripción del tipo de redacción que el *college* busca. Generalmente, quieren un recuento personal o una situación vivida por el estudiante que muestre quién es él o ella, o qué cosas le resultan importantes. Es la oportunidad perfecta para que sus hijos expresen sus sueños, sus objetivos, cualquier evento particular que contribuya a formar quienes son hoy, y cualquier cosa acerca de su familia o su cultura que los motive a salir adelante. También es una oportunidad para hablar de cómo la experiencia que obtuvieron realizando sus actividades extracurriculares se conecta con sus planes futuros. Deben contar su historia de manera que se muestre su determinación, su capacidad de superar obstáculos, su interés en ayudar a otros, etcétera.

Consejo de un experto

"Al personal de admisiones no les gustan los estudiantes que se esconden tras sus circunstancias. Si alguien tiene una historia personal horrible, quieren ver cómo salieron de ella y que aún así fueron capaces de terminar el high school. Les gusta ver histo rias de redención. Recuerdo que cuando trabajé en admisiones en Harvard, había una joven que había perdido a sus padres, y no tuvo hogar durante dos años a lo largo de high school. Aún así logró seguir en la escuela y mantener sus calificaciones altas. Luego asistió a MIT (Massachussets Institute of Technology) y luego vino a Harvard. Así que, tenía un historial horrible, pero no permitió que eso la frenara", comparte Chioma Isiadinso.

Quiero que sepa que hay un proceso para escribir una buena redacción y que hay muchos sitios *web* en los que sus hijos pueden revisar ejemplos de alumnos que fueron admitidos en las universidades de primer nivel. En estos sitios, también pueden obtener sugerencias acerca de cómo escribir una redacción de primera. Un ejemplo es **www.collegeboard.com**.

Otros sitios web ofrecen editores que no solo ayudarán a sus hijos a pensar en el tema del ensayo sino que también le harán críticas constructivas y lo editarán por un módico precio. Algunos recursos buenos son: **www.essayedge.com** y **www.quintcareers.com**. Si su hijo decide no usar ninguno de estos servicios, asegúrese de que alguien que domina el inglés revise en ensayo preferentemente un estudiante avanzado o un profesor universitario.

Cartas de recomendación

Parte del proceso de ingreso a la universidad implica obtener dos o tres cartas de recomendación de personas que conocen a su hijo. Algunas universidades requieren un profesor específico, mientras que otras permiten a los alumnos escoger. Usualmente, el maestro de matemáticas o inglés, del grado *junior* o *senior*—si conocen suficientemente a su hijo- y el consejero son buenos candidatos. La clave aquí es que su hijo les pida a los maestros que conocen sus logros académicos, además de su participación en otras actividades, que le escriban una buena recomendación. Recuerde a su hijo que pida las cartas de recomendación con tiempo para darles a los maestros al menos el plazo de un mes antes de la fecha límite. Luego, asegúrese de que vuelva a hablar con los profesores, para comprobar que enviaron las cartas al menos una semana antes de la fecha de entrega. También, cuando sea apropiado, su hijo debe renunciar a su derecho de revisar la recomendación ya que esto le da más credibilidad.

La entrevista

La mayoría de las universidades darán a su hijo la oportunidad de solicitar una entrevista. Esto es una reunión en persona con un oficial de admisiones donde los estudiantes acuden a contar su historia, donde pueden compartir cosas que usualmente no se pueden transmitir en la redacción que forma parte de la solicitud de ingreso. La meta de esta entrevista es hacer que el oficial de admisiones se sienta cómodo con el solicitante como posible estudiante de esa universidad en particular.

Para Chioma Isiadinso, la entrevista es una herramienta ideal para estudiantes con una situación no tradicional. Por ejemplo, si su hijo tiene 22 años y recién se está graduando, la entrevista le proporcionará un entorno único para que pueda explicar su historia. "A los oficiales les encantaría saber que su hijo tuvo que ayudar en el negocio familiar durante un par de años. Esto demuestra su determinación, su capacidad de adaptación y su compromiso para ayudar a otros", dice Isiadinso. Otros ejemplos de situaciones que pueden requerir una explicación incluyen cualquier hueco en el currículum escolar de su hijo, o un repentino bajón de sus calificaciones—puede ser debido a una enfermedad o a que tuvo que cuidar de un familiar enfermo—o que abandonó el equipo de baloncesto tras años de compromiso, etc.

La entrevista también es una buena oportunidad para que los jóvenes que tienen mucha personalidad y que son locuaces se puedan lucir y obtengan una ventaja competitiva sobre otros estudiantes con calificaciones idénticas.

La diversidad y otros factores importantes

Un punto muy importante a tener en cuenta cuando se llena una solicitud de ingreso a la universidad es el hecho de que sus hijos son de ascendencia latina. Muchas universidades están activamente procurando reclutar buenos estudiantes latinos porque no están bien representados en sus campuses. Mirarán de cerca a los aplicantes que tengan orígenes diversos. Mientras que no existen cuotas formales, es crucial que los estudiantes minoritarios hablen acerca de lo que aportan a la universidad particular a la que desean ingresar y de cómo enriquecerán al cuerpo estudiantil. Esta perspectiva puede ser interesante para el oficial de admisiones y le dará a su hijo una ventaja sobre otros candidatos.

Una variedad de orígenes socioeconómicos también es algo que las universidades buscan. Por ejemplo, para algunas universidades puede ser importante tener un grupo de estudiantes universitarios de primera generación en su campus, o bien alumnos de una comunidad migrante. Hay incluso universidades privadas que ofrecen paquetes de ayuda financiera a estudiantes de familias de clase media y baja. Esto significa que si usted piensa que no puede permitirse enviar a su hijo a una gran universidad privada, le sugiero que contacte a la escuela para saber si ofrecen ayuda financiera a latinos y luego visite los sitios web sobre becas, listados en el capítulo 10.

Acción temprana o decisión temprana (Early action o early decision)

Si su hijo sabe desde temprano en su vida a qué college quiere asistir, puede ser buena idea enviar una solicitud lo antes posible. Hay dos opciones para registrarse temprano: *early action* (acción temprana) y *early decisión* (decision temprana).

Acción Temprana (*Early Action*)

Esto significa que el alumno aplica temprano y recibe una respuesta temprano. Normalmente, los estudiantes aplican antes del 1 de noviembre y reciben sus respuestas alrededor de mediados de diciembre. La ventaja es que los estudiantes se enteran antes de si han sido admitidos a la universidad y pueden disfrutar de los últimos meses de *high school* sin tener que preocuparse. Enviar la solicitud y ser aceptado mediante *early action* no significa que su hijo tenga que asistir a la universidad donde él o ella fue aceptado. Él o ella tiene la oportunidad de enviar solicitudes a tantas universidades como quiera, mediante el programa *Early Action* y luego puede comparar los diferentes paquetes de ayuda financiera ofrecidos por varios colleges para escoger la mejor opción.

Decisión Temprana (*Early Decision*)

Por lo general, sigue la misma idea que *early action:* su hijo envía la solicitud temprano, usualmente antes del 1 de noviembre, y recibe una respuesta a mediados de diciembre. Sin embargo, hay una gran diferencia entre ambos programas. Los planes de *early decision* son vinculantes, lo cual quiere decir que si su hijo solicita ingresar a una universidad por esta vía, tendrá que asistir a esa universidad si es aceptado. También significa que él o ella solo puede enviar una slicitud a un college mediante early decision. El o ella sí puede, sin embargo, enviar solicitudes de ingreso a tantas universidades como desee mediante la admisión regular. Pero si su hijo es aceptado a nivel de *early decision,* deberá retirar todas las demás solicitudes.

La ventaja de *early decision* es que las universidades tienden a ofrecer a los estudiantes mejores posibilidades de ser admitidos si someten sus solicitudes temprano. En los *colleges* de *early decision* el porcentaje de aceptación de estudiantes que solicitan temprano es mayor que el de estudiantes que solicitan mediante la admisión regular. El problema de *early decision* es que su hijo puede ser aceptado antes de que haya recibido sus paquetes financieros, en cuyo caso puede no saber si puede financiar la escuela.

Mi sugerencia es que, a menos que sus hijos no necesiten el resto de su año *senior* para mejorar sus calificaciones o su currículum escolar y está seguro/a de que puede financiar la escuela de *early admission,* anime a sus hijos a solicitar ingreso mediante el proceso de admisión regular. De una manera o de otra, sus hijos deberían comentar estas opciones con su *guidance counselor.*

Secretos para obtener una carta de aceptación de la universidad: La Lista

❏ Ayude a sus hijos a pensar en la universidad temprano para que puedan dirigir sus esfuerzos en *high school* hacia su meta.

❏ Ayude a sus hijos a identificar su pasión temprano, y ayúdelos a encontrar maneras de encauzar esa pasión mediante actividades extracurriculares. Motívelos a buscar roles de liderazgo en cualquier cosa en la que se involucren.

❏ Asegúrese de que sus hijos sean consistentes en sus actividades extracurriculares y de voluntariado y no salten de un programa a otro.

❏ Incentive a sus hijos adolescentes a esforzarse y escoger cursos de honores. Alguien con un promedio B y que tomó cursos más exigentes obtendrá mejores resultados que alguien con un promedio A que sólo tomó clases estándar.

❏ Insista en que sus hijos pasen tiempo preparándose para los exámenes de SAT y ACT. Indague acerca de los cursos de preparación en su zona.

❏ Dadas las circunstancias adecuadas, conseguir un diploma de *high school* por Internet, o realizar algunos cursos online puede ser la mejor decisión para sus hijos.

Cápsula de Inspiración

Alex DeLeon, una estudiante de Columbia University, dice que estar en la universidad "es divertido y desafiante. Es muy distinto a vivir en casa, donde estás en un solo mundo. Vivir lejos de casa te abre los ojos a diferentes visiones, así que es realmente importante vivir fuera".

Capítulo 10

Pagar la universidad

Cuando les preguntan si planifican asistir a la universidad muchos estudiantes responden que sus padres no la pueden pagar, lo cual es una pena, ¡porque hay tanto dinero disponible! Todos los años, millones de dólares quedan sin usar porque las personas no saben que están disponibles.

Así que, antes de decirles a sus hijos que no puede costearles la universidad, lea esta sección muy detenidamente; encontrará mucha información acerca de becas que no tiene que devolver, préstamos estudiantiles y cómo puede usted ahorrar para la universidad.

Consejo de un estudiante

"Provengo de una familia pobre. No podían pagar la universidad porque es demasiado costosa así que busqué becas. Conseguí la beca HACER de la Ronald McDonald House Charities y una beca de la universidad en Buffalo, donde estudio biología. Mi sugerencia para los estudiantes es que manejen bien su tiempo porque todo pasa a la vez. Básicamente, dediqué un fin de semana a cada actividad. Uno para llenar los papeles de FAFSA, otro para llenar el perfil CSA, uno para las becas…A veces es difícil porque quieres salir y pasarla bien con tus amigos, pero cuatro fines de semana de tu vida no es absolutamente nada", comparte Jocelyn Acosta, estudiante de la Universidad de Buffalo.

Ayuda financiera

Mucho antes de que sus hijos comiencen a enviar solicitudes de ingreso a las universidades, deben tener una conversación acerca de la situación financiera de su familia para evaluar cuánto podrán pagar por la universidad, y cuánto tendrán que obtener de diferentes fuentes. Una gran herramienta para ayudar a calcular el costo de la educación de su hijo es el *Tuition Cost Calculator* (calculadora del costo de matriculación) en **www.princetonreview.com**. Esto le dará una idea de cuánta ayuda financiera va a necesitar. El costo, sin embargo, no debería ser un factor decisivo a la hora de escoger la universidad correcta. En este país, hay muchas formas de ayuda financiera—subsidios, becas, *work-study* (trabajo-estudio), y préstamos—disponibles para estudiantes de familias de bajos ingresos. Pero no importa cual sea la situación financiera de su hijo, él o ella debe solicitar ayuda financiera. Para ser elegible para ayuda financiera federal o un Pell Grant, sus hijos deben llenar un *Free Application for Federal Student Aid* (FAFSA) (Aplicación libre para ayuda financiera estudiantil). El FAFSA puede encontrarlo en la oficina del consejero, en su biblioteca pública local, oficina de ayuda financiera universitaria, o el sitio de FAFSA **www.fafsa.ed.gov**, o llamando al *Federal Student Aid Information Center* (FSAIC) (Centro de información federal para ayuda estudiantil) al 1–800–4-FED-AID. El FAFSA también está disponible en español.

La ayuda financiera cubre la diferencia entre lo que usted puede pagar y lo que cuesta la universidad. La ayuda es ofrecida por el gobierno federal y también por universidades o colleges individuales. Hay tres tipos de ayuda financiera: *grants y scholarships* (subsidios y becas), *loans* (préstamos), y *work-study* (trabajo-estudio). Los subsidios y becas no hay que devolverlos. Sin embargo, los subsidios *(grants)* se ofrecen basados en las necesidades financieras, mientras que las becas se otorgan basándose en méritos. Por otro lado, los préstamos *(loans)*, deben ser devueltos. La mayoría de los programas de préstamos federales para educación *(federal education loan programs)* ofrecen tasas de interés más bajas y planes de pago flexibles. El tercer tipo de ayuda viene en forma de trabajo-estudio o empleo de los alumnos. Ayuda a los estudiantes a pagar costos educativos como libros de texto, suministros y gastos personales.

Antes de llenar el FAFSA, debe recopilar todos los documentos y otra información que necesite para completar la solicitud. Esta requiere la información financiera de su hijo y la suya. Su hijo debe entregar el FAFSA cada año que él o ella quiera recibir ayuda. Asegúrese de que él o ella envíen la solicitud antes de la fecha límite de entrega. Esto garantizará que se procese a tiempo para el siguiente año escolar. Para una lista de los documentos que necesitará su hijo para completar el FAFSA, mire *Student Aid* (ayuda estudiantil) en la web: **www.student.ed.gov/completefafsa**. En este sitio web también encontrará descripciones individuales de las preguntas que tendrá que responder en la solicitud e información sobre las fechas límites de entrega. Esto puede ser un proceso abrumador en el caso de que sus hijos lo hagan por su cuenta. Una vez más, lo invito a que forme parte del proceso o que encuentre otro adulto o estudiante universitario que pueda estar junto a ellos.

La mayoría de la ayuda financiera requiere que el alumno sea ciudadano de los Estados Unidos, residente permanente o un no ciudadano elegible. La ayuda generalmente no está disponible para los estudiantes indocumentados, pero algunos estados sí permiten a estos alumnos cualificar para tarifas locales de matriculación (*in-state tuition rates*). Si su hijo es ciudadano de los Estados Unidos, pero uno o ambos de los padres son indocumentados, aún así es elegible para recibir ayuda financiera.

Para más información acerca de *Federal Student Financial Aid* (ayuda financiera estudiantil federal) llame a *Federal Student Aid Information Center* (FSAIC) y pida una copia gratuita de La guía del estudiante (*The Student Guide: Financial Aid from the U.S. Department of Education*).

A continuación hay algunos sitios web que ofrecen información acerca de FAFSA y otros tipos de ayuda disponible:

- **www.finaid.org**
- **www.collegeboard.com**
- **www.mapping-your-future.org**
- **www.collegeispossible.org**
- **www.princetonreview.com**

Becas (Scholarships)

Cuando hablamos de becas, hay toda una variedad de las mismas. Hay becas para *undergraduate degrees* (cuatro años de college) y para graduados; algunas son para carreras específicas; algunas son nacionales mientras otras son locales. Están patrocinadas por todo tipo de compañías, fundaciones, publicaciones, asociaciones e incluso sindicatos de trabajadores. Simplemente mire los productos que usan usted y sus hijos, las asociaciones a las que pertenecen, la fe que profesan y se verá sorprendido por el hecho de que muchas de esas asociaciones ofrecen becas. La cantidad varía mucho, pero tenga en cuenta que su hijo puede solicitar tantas becas como quiera. Cada beca tiene una serie de requisitos ligeramente diferentes, así que es esencial que visite los distintos sitios web y que estudie la información en forma detenida. Una vez que usted y su hijo decidan qué becas debería solicitar, sugiero que las ponga en un calendario para no perderse ninguna fecha límite.

Una palabra sobre requisitos

Aunque cada beca tiene una serie de requisitos diferentes, la mayoría requiere una nota promedio (GPA) mínima—generalmente de 3,0—y que su hijo esté registrado para asistir a la universidad dentro de un determinado plazo de tiempo después de haber obtenido la beca. Algunas solo están disponibles para residentes o ciudadanos de los Estados Unidos, pero hay otras que no hacen cumplir este requisito—lea a continuación la información sobre la *Mexican American Legal Defense* and *Educational Fund* (MALDEF). La mayoría desea alumnos que estén involucrados en la comunidad y que muestren habilidades de liderazgo. Para becas que están específicamente enfocados a latinos, advertirá que están interesados, en particular, en estudiantes que muestran liderazgo en la comunidad latina. La mayoría requiere una redacción o ensayo de algún tipo, y una solicitud.

Secretos para obtener becas

Cuando hablo con personas que tuvieron éxito en obtener becas acerca del secreto de su éxito, todos parecen estar de acuerdo en una serie de areas importantes:

- **Investigar**
  La única forma en que puede obtener una beca es si sabe que esa beca existe. Necesita ayudar a sus hijos a descubrir qué es lo que hay disponible para ellos y luego ayudarlos en el proceso de solicitud.

- **Una redacción bien escrita**
  A menudo, sus hijos pueden no tener el dominio suficiente del inglés para obtener las mejores notas en este

requisito. Si este es el caso, procure encontrar alguien que pueda trabajar con ellos en la redacción y que pueda revisarla. Puede ser un alumno de habla inglesa que sea buen estudiante en la escuela, un tutor o miembro de la familia que domine el inglés.

■ **Participar en la comunidad**
Los estudiantes necesitan estar muy involucrados en la comunidad y mostrar fuertes habilidades de liderazgo en la agencia o programa en la cual se involucren. A lo largo de este libro he insistido en la importancia de hacer trabajo de voluntariado y de participar en actividades extracurriculares. Revise esa información para obtener ideas que puede compartir con sus hijos.

■ **Buenas calificaciones**
¡Es importante que los niños presten atención a sus calificaciones desde el noveno grado en adelante! La mayoría de personas tiende a pensar que el único factor determinante para obtener becas es obtener buenas calificaciones, pero lo cierto es que se trata de una combinación de cosas. Cuantos más elementos ponga sobre la mesa su hijo, mayores probabilidades tendrá de obtener el premio deseado.

Consejo de una graduada universitaria a los padres

Gladys Bernett, presidente de la sucursal de Tampa Bay de la asociación nacional de graduados con maestrías en administración de empresas Hispanos (NSHMBA) y vice presidenta de la división institucional de Eagle Asset Management, que tiene una maestría en administración de negocios (Master in Business Administration) y una maestría en administración de salud (Master in Health Administration), disipa ciertos mitos acerca de pagar por la universidad:

1. **Como padre, tendría que haber ahorrado miles de dólares para la educación universitaria de mis hijos.**

   Los padres deberían ayudar a sus hijos a mirar aquellas universidades que mejor se ajusten a sus necesidades e intereses académicos, laborales y profesionales, y luego considerar los costos. Naturalmente que el costo es importante, pero, según el *College Board*, hay más de 90 billones de dólares disponibles para ayuda financiera, en forma de becas, subvenciones y préstamos financieros de bajo interés.

2. **Las becas están solo disponibles para estudiantes que tienen A en todas las metrias.**

   Aunque es cierto que alguna ayuda es meritorias, la mayoría de la ayuda financiera disponible se basa en la necesidad del alumno. Hay becas y subvenciones con diferentes requisitos y para diferentes carreras. Tuve una amiga que obtuvo una beca para su título de grado (*graduate degree*) porque su ojo derecho tenía dos tonalidades: color avellana y verde. ¡Eso fue una donación dada a la universidad por alguien con la misma característica! Al igual que este ejemplo, hay muchas becas disponibles para toda una variedad de estudiantes con diferentes orígenes étnicos o características físicas.

3. **Si mi hijo obtiene préstamos para estudiantes, tardará toda una vida en pagarlos.**

   Según el censo, los graduados universitarios, ganan en promedio un millón de dólares más a lo largo de sus carreras que las personas que sólo se graduaron de *high school*. Cuantos más diplomas y licenciaturas tengan los estudiantes, más crece su potencial para ganar dinero. Incluso aunque sus deudas sean mayores, según avanzan en sus carreras podrán pagarlas con más rapidez. Además, incluso cuando reciban préstamos estudiantiles, aún así pueden solicitar becas para suplementar los costos.

¡Es todo cuestión de ayudarlos a investigar!"

Algunos recursos muy útiles

Un buen lugar para comenzar su búsqueda de becas es www.fastweb.com, donde puede buscar universidades o becas. En este sitio web, su hijo puede crear un perfil detallado que incluye información personal, sus áreas de interés, zona geográfica donde quiere asistir a la universidad, características específicas como cultura, discapacidades, etc. Usando todos estos datos, el buscador proporciona una lista de resultados afines. Otro buen recurso es **www.petersons.com** un sitio web que no solo ofrece información acerca de becas que suman millones de dólares para alumnos en los EE.UU. sino también para estudiantes internacionales.

También debería visitar **www.scholarshipsforhispanics.org**, la rama educativa de la Asociación nacional de editores hispanos (*National Association of Hispanic Publishers*). Tienen una lista completa de becas disponibles para estudiantes latinos y están haciendo un gran esfuerzo para conseguir que más compañías patrocinen las subvenciones. Ofrecen su directorio gratuito en CD-ROM además de online. En su sitio web usted puede buscar becas que no requieran ser residente o tener la ciudadanía.

Hay un estupendo sitio web donde se puede encontrar una extensa compilación de becas, fellowships, pasantías, programas de verano, subvenciones para post grado y mucho más, compilado por el Dr. Francisco Alberto Tomei: **http://scholarships.fatomei.com**. Usted y sus hijos pueden realizar búsquedas por area de interés, por grupo étnico y toda una serie de opciones. Incluso cubre subsidios para los grados de *kindergarten* hasta el doceavo grado.

Varias organizaciones administran programas de becas ofrecidos por diversas corporaciones. Por ejemplo, *Hispanic Scholarship Fund* (HSF) (**www.hsf.net**) es la organización nacional líder que apoya la educación universitaria para hispanos. Ofrece becas para estudiantes de cuarto año de *high* *school* y para *estudiantes de college y de título de grado (undergra-duates and graduates).* Entre otras cosas, maneja el *Gates Millennium Scholars Fund* que ofrece premios importantes a estudiantes con buenas destrezas académicas y necesidades financieras sustanciales. HSF ha distribuido 25 millones de dólares en becas a latinos en 2005—2006.

Otra organización similar es *Hispanic College Fund* (HCF) (**www.hispanicfund.org**), que enumera en su sitio web varias becas ofrecidas por patrocinadores corporativos. Sus programas de becas se focalizan en los jóvenes latinos que estudian para obtener *undergraduate degrees* en negocios, ciencias, ingeniería, tecnología, farmacia, contaduría, matemáticas y otras especialidades. Administran la beca Sallie Mac que ofrece fondos para alumnos que son los primeros de su familia en asistir a la universidad. En el 2006, HCF otorgó 550 becas que sumaron 2,4 millones de dólares.

El *Mexican American Legal Defense and Educational Fund* (MALDEF) (**www.maldef.org**) es una organización nacional sin fines de lucro cuya misión es proteger y promover los derechos civiles de los latinos que viven en los Estados Unidos. Cada año MALDEF otorga numerosas becas para estudiar abogacía a estudiantes que entran en su primer, segundo o tercer año de dicha carrera. Las becas alcanzan hasta los 7.000 dólares por individuo. MALDEF ha compilado una lista de becas disponibles para estudiantes latinos indocumentados. Puede encontrar la lista en su sitio web.

Con aproximadamente 115.000 miembros en todos los Estados Unidos y Puerto Rico, League of United Latin American Citizens (LULAC) (**www.lulac.org**) es la mayor y más antigua organización hispana de los Estados Unidos. LULAC mejora la condición económica, los logros educativos, la influencia política y los derechos de salud y derechos civiles de los hispanos-americanos, mediante programas basados en la comunidad que operan en más de 700 consejos de LULAC a nivel nacional. La organización involucra y sirve a todos los grupos de nacionalidades hispanas.

Históricamente, LULAC se ha centrado básicamente en educación, derechos civiles y empleo para hispanos. Sus consejos proporcionan más de 1 millón de dólares en becas para estudiantes hispanos cada año, llevan a cabo campañas de ciudadanía y registración para votar, desarrollan viviendas para personas de bajos recursos, implementan programas de enseñanza de liderazgo para jóvenes, y buscan reforzar la presencia de la comunidad hispana a nivel local, estatal y nacional.

Consejo de una estudiante universitaria a los padres

"Recibí varias becas debido a mis orígenes hispanos. Columbia University tiene ayuda financiera basada en la necesidad, así que recibí muchos subsidios de Columbia. Hice saber que soy alguien que puede alcanzar sus metas, y demostré que aprecio mi orígen hispano", comparte Alex DeLeon, estudiante de Columbia University.

El Tomás Rivera Policy Institute, financiado por el *Sallie Mae Fund, Walt Disney Company* y *Southern California Edison,* desarrolló un directorio de subsidios y becas ofrecidas específicamente a estudiantes latinos de California, en **www.latinocollegedollars.org**. Sus hijos pueden visitar el sitio, en el que pueden introducir su nota promedio (GPA) y buscar oportunidades. Pueden buscar tanto becas que requieren tener la ciudadanía como las que no.

También debería buscar fuentes de financiación privadas. Un buen ejemplo de una organización que administra sus propias becas es *Ronald McDonald House Charities* (RMHC). Con el apoyo de *McDonald's Corporation, McDonald's Hispanic Owner/Operators Association* y del público, RMHC ofrece las becas HACER, que son específicas para latinos. En general, las becas se ofrecen a seniors de *high school* que tengan una calificación promedio de 3,0, que son residentes legales de los Estados Unidos. Los estudiantes tienen que preparar una declaración personal y demostrar que están involucrados en la comunidad. Entre 2005–2006, RMHC distribuyó alrededor de 1,6 millones de dólares en becas HACER por todo el país. Para identificar las sedes de RMHC que participan, saber cuales son los requisitos y para obtener cualquier información adicional acerca de las becas HACER, visite **www.meencanta.com**. Las becas son de entre 1.000 y 20.000 dólares.

Una de las fundaciones privadas que otorga una gran cantidad de dinero en becas es *The Gates Millennium Scholars* (GMS) (**www.gmsp.org**). Su meta es proporcionar a los estudiantes destacados afroamericanos, indios americanos y de Alaska, Asian Pacific Islander American, e hispanos-americanos la oportunidad de completar una educación universitaria undergraduate (de cuatro años) en todas las áreas y disciplinas y una educación graduate (de grado) a todos aquellos estudiantes que desean estudiar matemáticas, ciencias, ingeniería, educación, bibliotecología, o salud pública. Para más información, puede visitar su sitio web o el sitio web de *Hispanic Scholarship Fund*.

También debe estar enterado de que hay un gran número de becas disponibles para *graduate students*. Algunas son ofrecidas por fundaciones, algunas por universidades, algunas por compañías privadas y otras por las diferentes asociaciones profesionales como *National Association of Hispanic Nurses, American Bar Foundation, American Institute of Certified Public Accountants*, etc. A continuación hay dos buenos ejemplos de asociaciones que patrocinan becas para estudiantes *graduate (de grado)*:

National Society of Hispanic MBAs (NSHMBA) (**www.nshmba.org**), por ejemplo, proporciona becas para estudiantes que quieren obtener su MBA (Maestría en Administración de Empresas). Su meta es fomentar el liderazgo hispano mediante educación gerencial a nivel de grado y de desarrollo profesional. La idea es que estos líderes pueden proporcionar la concientización cultural y sensibilidad vitales en el manejo de la fuerza laboral diversificada de la nación.

National Association of Hispanic Journalists (NAHJ) (**www.nahj.org**) ofrece varias becas diseñadas para motivar y ayudar a los estudiantes latinos a que estudien carreras de periodismo. Como los hispanos siguen estando escasamente representados en las salas de prensa principales de los EE.UU., una de las metas de NAHJ es ayudar a los estudiantes hispanos más cualificados a mudarse del salón de clase a la sala de prensa. NAHJ ofrece becas para estudiantes de college y para estudiantes de grado que quieran hacer carrera de periodismo en prensa, fotografía, medios audiovisuales o bien online. Las becas son de entre 1.000 y 5.000 dólares.

Cápsula de inspiración

"Llegué a este país hace siete años, con una visa de trabajo. Mi hijo obtuvo excelentes calificaciones en la escuela, y estaba convencido de que obtendría una beca para asistir a la universidad. Cuando llegó el momento, supo que no calificaba para la beca HOPE del estado de Georgia, porque no era residente. No se desanimó. Lo llevamos a varias ferias universitarias donde obtuvo información acerca de las universidades en que estaba interesado. Escribió cartas a cada una de las universidades explicando su situación y pidiendo una beca. Recibió seis respuestas positivas y aceptó la que le llegó desde Wake

Forest University en Winston Salem, North Carolina. Está entre las 30 mejores universidades del país. Le dieron 30.000 dólares para financiar sus estudios, y 11.000 dólares para pagar su estancia y comida, así que no estamos gastando un solo centavo. Su éxito es prueba de su perseverancia. También demostró en sus redacciones que tenía interés en ayudar a otros latinos y en convertirse en un modelo a seguir para la comunidad", dice Rodolfo Vaupel, presidente de Vaupel Insurance Agency y presidente en 2007 del Atlanta Chapter of the National Society of Hispanic MBAs (NSHMBA).

Becas para los ricos

Más y más universidades están ofreciendo ayuda financiera para familias ricas. El motivo es que esto ayuda a mejorar el perfil de la escuela en los *rankings* universitarios y también, estas familias pueden pagar una parte sustancial de la educación de sus hijos. Otro motivo es que estos estudiantes se convertirán en futuros ex alumnos adinerados. El reparo es que para obtener parte del dinero que está disponible, su hijo debe ser un estudiante por encima de la media.

Por eso, si sus ingresos hacen que su hijo no califique para una beca basada en necesidades financieras, focalícese en becas meritorias. Puede ir a **www.foxcollegefunding.com** para obtener información acerca de estrategias para solicitar fondos universitarios. Visite el sitio web de las universidades en que su hijo está interesado y contacte a la oficina de admisiones para preguntar acerca de los requisitos para becas. También encontrará valiosa información en el libro *The As and Bs of Academic Scholarships*, por Anna Leider, en el que enumera 100.000 becas de entre 200 dólares y 35.000 dólares. *The College Board* (**www.collegeboard.com**) y *Peterson's* (**www.petersons.com**) ofrecen un perfil académico de estudiantes de primer año (*freshmen*) en las diferentes universidades que incluyen su nota promedio (GPA). Si su hijo tiene una nota promedio (GPA) mejor que la media de alumnos de la escuela, puede tener mayores oportunidades de obtener una beca meritoria.

Work-Study Program
(El programa de trabajo-estudio)

Los programas de trabajo-estudio son una forma de ayuda financiera en que sus hijos realizan trabajo a cambio de dinero para su educación. Los programas del gobierno federal son la principal fuente de estos programas de trabajo-estudio, pero los estados y campuses individuales también pueden ofrecer sus propios programas para que haya ayuda financiera adicional disponible para el mayor número posible de estudiantes.

El *Student Aid Report* de sus hijos (SAR—la respuesta que obtienen después de haber completado el FAFSA) es uno de los indicadores utilizados por la universidad para determinar si son elegibles para el programa *Federal Work-Study*. Estos programas tiene reglas acerca de si el trabajo se puede realizar en el campus—donde los alumnos trabajan para su propia universidad—o fuera del campus—donde el empleador suele ser una organización sin fines de lucro o una agencia pública—y sobre el máximo número de horas por semana que puede trabajar cada alumno. El programa anima a los alumnos a realizar trabajo comunitario y trabajo relacionado con sus estudios.

La cantidad que ganan sus hijos puede variar dependiendo de cuando soliciten, de su nivel de necesidad financiera y del nivel de financiación de su escuela. Si solicitan temprano, tendrán una mejor oportunidad de recibir fondos federales. El oficial de ayuda financiera del campus (*financial aid officer*) debería tener los detalles que conciernen al programa específico de sus hijos.

Préstamos para estudiantes

Hay toda una serie de préstamos diferentes disponibles para estudiantes. A diferencia de otras formas de ayuda financiera, los préstamos hay que pagarlos con intereses. Debido a que se trata de un tema complejo, sugiero que consulte con alguien que tenga estudios o experiencia en contaduría o financiación, que pueda repasar esta información con usted y explicarle cualquier área que no le resulte clara.

A continuación hay un desglose de los préstamos más importantes que usted debe explorar:

- Stafford Loans son para undergraduate students, y se realizan a través de uno de los dos programas del departamento de educación de los Estados Unidos (*United States Department of Education*). El primero es el programa *Direct Stafford Loan* y el segundo es el programa *Federal Family Education Loan* (FFEL)—denominado *Federal Stafford Loan*. Los fondos de *Direct Stafford Loan Program* provienen directamente del gobierno federal mediante el departamento de educación. Los fondos para *Federal Stafford Loan* provienen del banco, de una unión crediticia o de otros prestamistas que participan en el programa.

- *Federal Perkins Loans* se realizan mediante escuelas participantes para estudiantes undergraduate y graduate que tienen necesidades financieras excepcionales y usualmente tienen planes de pago a más largo plazo. El interés no se acumula mientras el estudiante está en la escuela.

- *Federal PLUS Loan Program* permite que los padres, en lugar de los alumnos, obtengan un préstamo para su hijo dependiente undergraduate, pero por lo general tienen que comenzar a pagarlo mientras el estudiante está en la escuela.

Cuando se trata de préstamos federales (*Federal Loans*), los estudiantes deben comenzar a devolverlos después de que se hayan graduado, dejado la escuela o si dejan de asistir a tiempo completo. Se les da un período de gracia de seis meses para *Direct Stafford Loans* o *Federal Family Education Loan* (FFEL) y nueve meses para *Federal Perkins loans* para comenzar a pagarlos. Tanto los programas *Direct* y *Federal Stafford* ofrecen a los estudiantes cuatro planes de pago, pero el *Federal Perkins Loan Program* ofrece sólo uno. Los estudiantes generalmente tienen diez años en los que pagar todos sus préstamos, aunque hay variaciones, dependiendo de qué plan escojan. Los pagos mensuales dependerán del tamaño de la deuda de su hijo, y del tiempo a lo largo del cual haya repartido el pago. Para ayudar a los estudiantes a controlar sus deudas, el *United States Department of Education's National Student Loans Data System* (NSLDS) les permite acceder a información acerca de cantidades de préstamos o subsidios federales y el estado del préstamo (incluida la cantidad que se debe y las cantidades de los pagos recibidos).

■   Préstamos educativos privados (*Private Education Loans*). Si los préstamos federales no ofrecen dinero suficiente, o si se requiere un plan de pago más flexible, también están disponibles los préstamos educativos privados. Estos son concedidos por prestamistas privados; son préstamos subsidiados y se otorgan en base a la necesidad financiera. El gobierno federal pagará el interés sobre el préstamo mientras el estudiante esté todavía en la universidad y durante los seis primeros meses después de que el alumno concluya sus estudios.

La diferencia entre un préstamo subsidiado y un préstamo no subsidiado es que en el segundo caso, el estudiante es responsable del interés desde el momento en que se hace el desembolso del préstamo no subsidiado, hasta que haya sido pagado por completo. Las tasas de interés pueden variar de un año a otro. Stafford Loans pueden ser subsidiados o no subsidiadios porque están financiados por el gobierno federal. La única diferencia es la cantidad de interés que el alumno paga. Los préstamos privados para educación (*Private Education Loans*) son financiados por instituciones financieras privadas. Los alumnos no tienen que llenar formularios federales para recibir un préstamo privado para educación (*Private Education Loan*).

Hay muchos sitios web dedicados a ofrecer información acerca de préstamos para estudiantes y padres. VOY es una organización que se ha asociado con *Student Loans Corporation* para proporcionar a los que solicitan préstamos un amplio servicio al cliente y oportunidades para préstamos educativos. Otra organización es Sallie Mae, que ofrece información y recursos a estudiantes y padres acerca del proceso de ayuda financiera.

Para más información:

National Student Loans Data System for Students
www.nslds.ed.gov

VOY
www.voystudentloans.com

Sallie Mae
www.salliemae.com

TERI
www.teri.org

Nelnet
www.nelnet.net

Ahorrar para la universidad

Si usted tiene hijos de corta edad, cuanto antes comience a ahorrar para la universidad, mejor. La universidad es muy costosa y tendrá que ahorrar por un largo período de tiempo para poder ayudar a sus hijos a pagar su educación. A continuación hay dos modos en que usted se puede preparar para el futuro.

Para obtener más información acerca de las cuentas que comento en esta sección y acerca de otras que puede haber disponibles, puede visitar **www.savingforcollege.com** or

www.finaid.org. También debería hablar con el gerente local de su banco o con su asesor financiero para recibir explicaciones detalladas y profesionales de estos planes de ahorros.

■ *529 College Savings Plan.* (Plan de ahorro universitario 529) Es un plan de ahorro para educación que es operado por un estado o por una institución educativa. Está diseñado para ayudarle a guardar fondos para futuros gastos universitarios. Casi todos los estados ahora ofrecen un plan 529 y, bajo una nueva ley, ahora las instituciones educativas pueden ofrecer su propio plan. Estos planes normalmente están categorizados como prepagados o de ahorro. Puede o bien prepagar un *college* específico al que quiera enviar a sus hijos, o bien depositar el dinero en el plan de cuenta 529 de su estado. No precisa enviar a sus hijos a una universidad estadual incluso si tiene un plan estadual 529. Aunque las exigencias varían de un estado al otro, los depósitos y el interés que generan están exentos de impuestos al igual que los retiros de dinero que haga para pagar gastos educativos. En la mayoría de estados se puede depositar hasta 300.000 dólares por beneficiario en la cuenta. El aspecto interesante de este plan es que le da a usted todo el control sobre la cuenta; su hijo es el beneficiario, pero si decide no asistir a la universidad, puede o bien nombrar a otro beneficiario—si tiene un hijo de menor edad que está interesado en la universidad, por ejemplo—o recuperar el dinero para usted mismo. En este caso, una porción del dinero estará sujeta a los impuestos sobre la renta y a una penalización del 10%. Descubra todos los detalles que conciernen al plan en su estado en: **www.savingforcollege.com.**

■ *Educational Savings Account (ESA) or Coverdell Education Savings Account.* Es una cuenta de ahorro para guardar dinero para la universidad. Si usted está casado/a y sus ingresos combinados anuales están por debajo de los 150.000 dólares, o si usted es soltero/a y sus ingresos están por debajo de los 95.000 dólares, puede depositar hasta 2.000 dólares al año por niño. Los depósitos en esta cuenta y el interés que generan están libres de impuestos, al igual que los retiros de dinero, cuando usted sigue las reglas. Usted puede ahorrar dinero para la escuela elemental, secundaria o para la universidad, pero no puede seguir contribuyendo dinero a la cuenta una vez que su hijo haya cumplido los 18 años. Además, si su hijo decide no asistir a la universidad, usted no puede recuperar el dinero para sí mismo, al igual que podría hacer con un plan 529. Tiene que darle los fondos a su hijo, así que tiene menos control sobre este plan que con un plan 529.

Una palabra más acerca de pagar la universidad

Hay muchas maneras de financiar la educación universitaria de sus hijos y las tarjetas de crédito definitivamente no son la mejor manera. Si usted no tiene ahorros, no puede obtener ayuda financiera y su hijo no califica para becas, le sugiero que hable con un asesor financiero que le pueda ayudar a establecer un plan para pagar una universidad que no lleve a su familia a la bancarrota. Contacte a su cámara de comercio local y pregunte por el nombre de un buen asesor financiero en su zona.

Capítulo 11

Marque la universidad en su calendario

Hemos hablado mucho de todas las diferentes actividades que hay que realizar durante el *high school*, para que sus hijos tomen el camino de la educación universitaria. Como con muchas otras cosas en este país, el secreto es hacerlo en el momento adecuado. Saber cuándo sus hijos adolescentes deberían indagar acerca de un tema, cuándo tienen que prepararse para dar un examen, etc. asegurará un resultado positivo. Para ayudarlos a usted y a sus hijos a que se organicen, a continuación hay un calendario que indica lo que debe hacer todos los meses su hijo durante cada uno de sus años en *high school* para llegar a la universidad.

Noveno grado

Septiembre

A principios del curso, haga saber sus expectativas acerca del *high school*. Comente con sus hijos sus propias expectativas y preocupaciones. Ponga énfasis en la importancia de obtener buenas calificaciones. Familiarícese con el sistema de nota promedio (sistema GPA de calificaciones). Familiarícese con los requisitos de graduación de su *high school*. Pregunte al *guidance counselor* acerca de los cursos académicos básicos recomendados para los alumnos que van a asistir a la universidad. Anime a sus hijos a que realicen actividades extracurriculares dentro y fuera de la escuela. Explore programas especiales,—como AVID, *The Posse Foundation* y *A Better Chance*—que ayudan a estudiantes latinos a entrar en las mejores universidades. Ver el Capítulo 2 para más información.

Octubre

Póngase en contacto con los profesores y pregunte acerca del progreso de su hijo. Visite la biblioteca para recopilar información acerca de las universidades y para mirar los sitios web de los colleges. Anime a su hijo a leer los panfletos de las universidades que podrá encontrar en el despacho de su *guidance counselor.*

Noviembre

Anime a su hijo a realizar voluntariado para organizaciones sin fines de lucro. El voluntariado es una valiosa experiencia que fomenta la disciplina y la responsabilidad. El servicio comunitario también ayuda a mejorar la solicitud de ingreso a la universidad de un estudiante. Revise el Capítulo 4 acerca de actividades extra curriculares y programas de verano.

Diciembre

Revise las primeras calificaciones del curso, y asegúrese de que su hijo rinde de manera adecuada. De lo contrario, puede obtener ayuda adicional o sugerirle que pida clases más aceleradas. La universidad puede parecer que está todavía lejos, pero las calificaciones del primer año en *high school* se verán reflejadas en su historial de calificaciones. Estas notas tendrán tanto peso como las que obtenga en su último año de *high school*. Sus notas a lo largo de toda la escuela secundaria son tan importantes como la solicitud a la universidad.

Enero

Ayude a su hijo a desarrollar buenos hábitos de studio, especialmente cuando se aproximan los exámenes de mitad de trimestre. Visite los sitios web como **www.collegeboard.com**, para más información.

Febrero

Comience a planificar para su segundo año (*sophomore*). Incentive a su hijo a enrolarse en cursos estimulantes que reflejen altos estándares académicos.

Marzo

Visiten un campus universitario local. Vayan ustedes solos o bien piden que les hagan una visita guiada. Ayude a sus hijos a explorar sus intereses, posibles carreras y potenciales universidades. Comience a identificar posibles mentores.

Abril

Vayan a ferias universitarias cerca de donde vive. Encontrarán al menos cien representantes universitarios diferentes dispuestos a responder cualquier pregunta que puedan tener usted o sus hijos. Visite **www.nacacnet.org** para saber de ferias universitarias en su zona.

Mayo

Con la llegada del verano, busque un buen programa de verano para sus hijos. Algunos ofrecen ayuda financiera. Mire el Capítulo 4 para encontrar información acerca de programas de verano.

Junio

Visite sitios web como **www.petersons.com** y **www.finaid.org** para evaluar el potencial costo financiero de la educación universitaria de sus hijos. Reúnase con un asesor financiero para que le ayude a preparar un plan de ahorro para la universidad. Pregunte acerca del *College Savings Fund 529*. Lea el Capítulo 10 para más información.

Julio

Comience a estudiar becas y préstamos. Vea el capítulo de becas para más información. Hable con sus hijos acerca de sus intereses profesionales y póngase en contacto con posibles mentores. Busque más personas que sean exitosas en el área de interés de sus hijos. Puede encontrar programas de mentoría en **www.islandnet.com/~rcarr/mentorprograms.html**. También son útiles los examenes de evaluación profesional, cuando están buscando la especialización (*major*) más adecuada. Visite el sitio web: **www.careerplanner.com**.

Agosto

Anime a su hijo a que pase tiempo con personas que son exitosas en su ámbito de interés, para que pueda descubrir si le gusta el campo de estudio o no. Pueden visitar lugares de trabajo conde llevan a cabo el tipo de actividad que le gusta.

Consejo de un estudiante a los padres

Rodolfo Vaupel junior, quien recibió una beca completa por parte de una prestigiosa universidad cuando tenía una visa H4, ofrece las siguientes recomendaciones para su hijo de noveno grado:

- Cuando una escuela no escuche a sus hijos, vaya con ellos. Si no puede ir con ellos, póngase en contacto con una Asociación Latinoamericana o alguien que pueda acompañarles para apoyar sus peticiones.

- Anime a sus hijos a que pasen tiempo con personas de habla inglesa—sin perder a sus amigos latinos—porque es la única manera de realmente aprender inglés—mediante la práctica.

- Incentive a sus hijos a que mantengan una buena relación con sus maestros y que conversen con ellos con frecuencia.

- Asegúrese de que obtengan buenas calificaciones ya desde el noveno grado, porque todas las calificaciones cuentan en su solicitud de inscripción universitaria y para recibir becas.

- Motíveles a que se involucren en su escuela y en su comunidad, a que formen parte de clubes y que hagan voluntariado en organizaciones. Una vez que forman parte de un club, anímelos a buscar posiciones de liderazgo dentro del mismo. Las universidades no solo consideran los clubes en que participaron los alumnos, sino los cargos que mantuvieron dentro de los mismos.

Décimo grado

Septiembre

¡El examen PSAT (*Preliminary Scholastic Assessment Test*) está a la vuelta de la esquina! Esto será una práctica para el PSAT del año próximo que podría hacer que su hijo califique para la beca nacional meritoria (*National Merit Scholarship*). Insista en que su hijo haga los exámenes de práctica para este PSAT. El PLAN (*pre-ACT*) también está disponible en muchos distritos escolares. Una vez más, explore programas especiales—como AVID, *The Posse Foundation* y *A Better Chance*—que ayudan a los estudiantes latinos a entrar en las mejores universidades. Vea el Capítulo 2 para más información.

Octubre

Reitere la importancia de mantener buenas calificaciones. Además, asegúrese de que su hijo no se desanima si tiene problemas en la escuela. Siempre pida ayuda a los profesores. Si es necesario, busque ayuda extra.

Noviembre

Continúe visitando ferias universitarias en su zona. Incentive a su hijo a que se involucre en actividades extracurriculares y que adopte un papel de liderazgo.

Diciembre

Los estudiantes deberían comentar sus resultados de PSAT con su *guidance counselor* y también actualizar su currículum.

Enero

Haga una lista de las universidades en las que su hijo está interesado. Busque información acerca de cada una de ellas para saber dónde están y cuánto cuestan. Anime a su hijo a que se ponga en contacto con estudiantes que asisten a esas universidades para enterarse de cómo son.

Febrero

Pídale a su hijo que escriba por correo postal o electrónico a la oficina de admisiones de la universidad en la que está interesado. Pida un paquete informativo que incluya los requisitos de admisión, historial universitario, y costos de matriculación.

Marzo

Reúnase con el consejero de su hijo y comente con él o ella el onceavo grado de su hijo. Haga preguntas sobre los exámenes (SAT y ACT), y acerca del calendario del año que se aproxima. Asegúrese de enrolar a su hijo en cursos de preparación universitaria para el año próximo (*junior*).

Abril

Registre a su hijo en los exámenes temáticos de SAT. Los *SAT Subject Tests* no son requeridos para entrar en todas las universidades, pero muchas sí requieren que se tomen tres de estos exámenes en materias específicas. Su hijo puede registrarse para los *SAT Subject Tests*, además de para los exámenes SAT en **www.collegeboard.com**.

Mayo

Considere inscribir a sus hijos en un curso de preparación universitaria para el verano. Motive a sus hijos a que hagan trabajos de voluntariado también durante el verano. Es la oportunidad perfecta para que puedan mejorar y expandir su currículum universitario. Consulte el Capítulo 4 para encontrar programas de verano.

Junio

Su hijo debería comenzar a estudiar exámenes de práctica para el SAT o ACT. Estudien juntos los requisitos de admisiones de las universidades en que está interesado/a. Muchas universidades requieren el SAT mientras otras prefieren el ACT. Los estudiantes se pueden preparar para ambos exámenes usando libros de preparación o anotándose en clases de preparación para los mismos. Visite sitios web como **www.kaplan.com** y **www.princetonreview.com** para más información.

Julio

Para este mes, su hijo ya debería recibir correspondencia de parte de muchos colleges y universidades. Asegúrese de que lee todas las cartas o postales para saber si hay algo que le interese. Motive a su hijo a continuar explorando áreas de interés, pasando tiempo con personas expertas en esos campos u organizando visitas a compañías, fábricas, etc. Recuerde que su hijo debería tomar ventaja de programas de verano para desarrollar responsabilidades, nuevas habilidades, etc.

Agosto

Los estudiantes deberían recibir por correo los resultados de sus SAT Subject Test. Continúe ayudando a sus hijos a prepararse para los tests que se avecinan. Si su hijo no se involucró en un programa de verano hasta ahora, este puede ser el momento para hacerlo.

Cápsula de inspiración

Anna García, supervisora de cuentas para una empresa de relaciones públicas en California, nunca dudó que iría a la universidad. Aunque sabía que no sería un camino fácil, sabía que quería ser abogada o periodista. Fue la primera de su familia en asistir a la universidad y está decepcionada porque sus hermanos menores no se dan cuenta de la importancia de tener una educación superior. "Desearía que la universidad hubiera sido una experiencia positiva para mí, pero no lo fue. Fue muy duro porque comencé por debajo del promedio en matemáticas y en escritura y tuve que tomar muchos cursos básicos", dice Anna. Con el tiempo, se empezó a destacar en su clase de escritura de nivel undergraduate y entonces supo que tenía algo que ofrecer. Aunque tiene un trabajo a tiempo completo, continúa estudiando para obtener su licenciatura en periodismo. "Sigo trabajando para conseguir mi licenciatura, porque me doy cuenta de la importancia y la seguridad que proporciona. Me está tomando bastante tiempo realizarlo, pero sin embargo, me licenciaré", comentó Anna.

Onceavo grado

Septiembre

Registre a su hijo para el PSAT en octubre. Este año hará que su hijo califique para la beca nacional meritoria (*National Merit Scholarship*).

Octubre

Anime a su hijo a participar en actividades extracurriculares como deportes, clubes de lectura, idiomas o haciendo trabajo de voluntariado después de la escuela.

Noviembre

Planifique visitas familiares para recorrer universidades cercanas. Hable acerca de los pros y los contras de vivir lejos de casa. Incentive a sus hijos a perseguir su sueño mediante la asistencia a las mejores escuelas y universidades posibles para alcanzar sus metas profesionales.

Diciembre

Reúnase con el consejero de su hijo para comentar los resultados del PSAT. Si su hijo planifica tomar el ACT, debería registrarse en febrero. Una vez más, insista en que su hijo dé exámenes de práctica.

Enero

Prepárense para el ACT juntos. Construyan tarjetas de estudio (*flash cards*) y encuentren exámenes de práctica online o en libros de consulta. Las clases son más difíciles para su hijo este año; haga un seguimiento del progreso académico de su hijo haciendo preguntas acerca de la escuela o contactando a menudo al consejero.

Febrero

Es el momento de tomar el exámen ACT. Si su hijo no obtiene una buena calificación la primera vez, no debe desanimarse. El o ella puede volver a tomarlo más adelante. Mantenga un registro de las fechas límite de registración para los SAT y ACT. Muchos alumnos de onceavo grado (*juniors*) dan el SAT en Mayo, y una segunda vez en el otoño.

Marzo

Si su hijo ha decicido dar el examen SAT, es el momento para prepararse. Comenten juntos el calendario del curso para el año próximo, y asegúrese de que su hijo está asistiendo a clases exigentes.

Abril

Continúe leyendo todo el correo de las universidades y responda a las que interesan a su hijo. Pregunte al *guidance counselor* si debería registrar a su hijo para cualquier examen temático del SAT *(SAT Subject)*.

Mayo

Su hijo debería continuar estudiando para el SAT. Considere los cursos de preparación SAT en los que enseñan a los niños habilidades específicas para este examen. Entérese de los cursos gratis disponibles en su zona en organizaciones como *Let's Get Ready*. Vaya al Capítulo 9 para más información.

Junio

Usted y su hijo deberían visitar sitios web de becas y ayuda financiera. Decida para qué becas debería aplicar su hijo, y escriba en su calendario las fechas límite para que no se le pasen. Registre a su hijo en cursos, talleres o prácticas de verano preparatorios para la universidad.

Julio

Continúe visitando universidades y haga planes para visitarlas en otoño. Aproveche los programas de verano que apoyan las metas académicas y profesionales de su hijo.

Agosto

Actualice la lista final de universidades. Haga una lista de los pros y los contras de cada college. Si no se siente demasiado confiado acerca de su habilidad para ayudar a su hijo a lo largo del proceso de solicitud de ingreso, conéctese con otra familia que pueda hacerlo con usted.

Cápsula de inspiración

Rodolfo Vaupel junior tiene un buen mensaje que ofrecer a sus hijos: "No importa lo poco importante que pueda parecer la educación, no importa cuán minúscula sea la oportunidad de que asistas a la universidad, no importa cuántas barreras enfrentes por el camino, NO TE RINDAS. Sigue intentando con todo tu empeño conseguir las mejores calificaciones que puedas conseguir. Si tu meta es conseguir una C o una B, fracasarás. Si te propones conseguir el 100%, hay una pequeña posibilidad de que no lo consigas, pero lo más probable es que obtengas una A".

Doceavo grado

Septiembre

Ponga énfasis en la importancia de que su hijo tenga buenas calificaciones este año, y de que tome cursos exigentes. Las universidades le pedirán las calificaciones y créditos de su doceavo grado (*senior*) incluso después de que el departamento de admisiones haya aceptado al alumno.

Octubre

Registre a su hijo en el examen SAT ofrecido en enero o, en el ACT, en febrero.

Noviembre

Ayude a su hijo a terminar las solicitudes para becas y para el college. Vea el Capítulo 10 sobre becas. Si esto lo hace en conjunto con otra familia, participe todo lo que pueda. Es muy importante que muestre su apoyo. Recuerde a su hijo que pida cartas de recomendación.

Diciembre

Asegúrese de que las solicitudes de su hijo a la universidad se envíen antes de la fecha límite. Recoja toda la información necesaria para llenar el FAFSA. Vea el Capítulo 10 sobre la aplicación de FAFSA.

Enero

Envíe el FAFSA a las universidades a las que su hijo desee asistir.

Febrero

Anime a su hijo a que compruebe el estado de su solicitud consultando a las universidades por teléfono o por Internet. El departamento de admisiones le dejará saber si falta algún documento en su solicitud.

Marzo

Motive a su hijo a que siga trabajando duro en la escuela, incluso si ha terminado el proceso de solicitud a la universidad.

Abril

Una vez que su hijo haya escogido un college o universidad, asegúrese de enviar el depósito antes de la fecha límite.

Mayo

Pida al *high school* que envíe las notas finales de su hijo a la universidad que haya escogido.

Junio

Anime a su hijo a que se registre en un curso preparatorio para la universidad en el verano.

Julio

Usted y su hijo deberían desarrollar un plan para el año próximo. Comenten cursos, empleos y expectativas.

Agosto

Si su hijo va a vivir en el campus, haga que se ponga en contacto con su compañero de cuarto.

Cápsula de inspiración

Ricardo Anzaldúa, que fue durante muchos años socio de una de las más prestigiosas firmas de abogacía del país ganando un salario de siete cifras, dice "Soy presidente del comité de ex alumnos latinos (Latino Alumni Committee) en Harvard Law School Alumni Association. Hay muchos latinos líderes que, como yo, crecieron en un entorno de clase trabajadora, y han dado grandes pasos en una sola generación. Hay unos 800 ex alumnos latinos de Harvard Law School, y diría que al menos la mitad de ellos provienen de familias de clase trabajadora. Esa es solo una facultad de leyes de las miles de facultades profesionales en todo el país que han graduado a latinos durante generaciones. Los padres deben señalar a sus hijos a latinos que son exitosos, para que los niños puedan ver por si mismos que pueden conseguir grandes cosas si se aplican".

Nota de aliento

De cuando en cuando, todos pasamos por períodos en que resulta difícil acordarse por qué vinimos a los Estados Unidos. Déjeme recordarle—la mayoría vinimos en busca de un lugar mejor donde vivir y criar a nuestros hijos. Vinimos debido a las grandes oportunidades para estudiar y progresar que ofrece este país; por una libertad que rara vez hemos experimentado en Latinoamérica y el hecho de que en este país, cuando se trabaja duro, uno puede cumplir sus sueños.

Su labor es ayudar a sus hijos a tomar ventaja de todo lo que tiene este país para ofrecer, mediante el apoyo incondicional a su educación. Cuanto más estudien, mejores resulados financieros y sociales tendrán. Su educación les permitirá ocupar posiciones de liderazgo que les darán el poder de cambiar cualquier cosa que quieran cambiar para mejorar este país y el mundo en que vivimos.

Acerca de la autora

Mariela Dabbah nació en Buenos Aires, Argentina. Es egresada de la Facultad de Filosofía y Letras de la Universidad de Buenos Aires. Vive en Nueva York desde 1988, donde durante doce años fue propietaria de una distribuidora de libros educativos que proveía al sistema escolar público materiales y programas. Desarrolló una division de participación de padres (Parent Involvement Division) que proveía entrenamiento a maestros y padres por todos los Estados Unidos. Una de sus más emocionantes y memorables experiencias fue entrenar a padres y bibliotecarios Yup'ik en Bethel, Alaska.

Mariela es autora de *Cómo Conseguir Trabajo en los Estados Unidos, Guía Especial para Latinos (How to Get a Job in the U.S., Guide for Latinos)*, *Ayude a sus Hijos a Tener Éxito en la Escuela, Guía para Padres Latinos (Help your Children Succeed in School, Guide for Latino Parents)*—editados en español y en inglés—y *The Latino Advantage in the Workplace (La Ventaja Latina en el Trabajo)*—también editado en ambos idiomas—en coautoría con Arturo Poiré, todos editados por Sphinx Publishing. También ha escrito *Cuentos de Nuevos Aires y Buena York*, editado por Metafrasta.

Mariela es invitada habitual en numerosos programas de televisión y radio, como: "Today in New York" en WNBC, "Exclusiva" en ABC News, "Despierta América" en Univisión, "Cada Día con María Antonieta" en Telemundo, "Negocios Bloomberg" en Bloomberg Radio, "Directo desde Estados Unidos" en CNN En Español, y "All Things Considered" en NPR entre otros.

Como oradora, Mariela da conferencias y talleres en distritos escolares, conferencias educativas y corporaciones, acerca de los temas de sus libros. Su misión es ayudar a los latinos a navegar por el sistema norteamericano. Puede encontrar más información sobre la autora en su sitio web: **www.marieladabbah.com**.